차례

생쥐, 지도를 좋아하게 되다 * 4

생쥐의 지도책 * 12

뚫어져라 쳐다보기 * 16

지도를 뒤집어도 지도! * 18

지도 위에 눈금이? 위도와 경도 * 22

공 모양 지구를 납작한 종이에 펼치기
여러 가지 투영법으로 그린 지도 * 30

지도 줄이기 대축척 지도와 소축척 지도 * 36

색깔로 지도 보기 * 40

지도에 빈틈이 없어! 세계 지도 훑어보기 * 48

지도를 소리 내어 읽어 봐! * 52

지도는 기호야! * 56

동네 지도 그리기 기호와 방위표 * 64

지도 보고 길 찾아가기 * 68

지도를 따라 그렸어 * 70

지도 보고 땅 모양 상상하기 우리나라 지형도 * 72

재미있는 독도 지도 등고선 보는 법 * 74

점으로 그린 지도 인구분포도 * 78

지도가 말을 해! * 80

주제도 뜯어보기 기온과 강수량도 * 84

이런 것도 지도일까? 지하철 노선도 * 88

생쥐, 교통 지도와 함께 사라지다! 우리나라 교통 지도 * 92

생쥐가 어디로 갔을까? 관광 지도 * 94

마지막 이야기 * 96

생쥐, 지도를 좋아하게 되다

나도 알아. 찍! 내가 이상한 생쥐라는 걸. 보통 생쥐라면 그런 건 절대로 궁금하지 않을 테니까.

그러니까 이게 다 지도 때문이야. 불행히도 생쥐가 이 세상에 지도라는 것이 있다는 것을 알게 되었기 때문이지.

비누를 갉아 먹을 때마다 할아버지가 말했어.

'알지 못하는 것을 원하지는 못한단다.

생쥐는 아무것도 알려고 해서는 안 돼.'

할아버지가 옳았어. 지도에 대해 몰랐다면 나는 지도 보는 법을 알고 싶다고 꿈도 꾸지 않았을 거라고.

생쥐는 지도 같은 거 몰라도 되었어. 지도를 몰라도 생쥐는 잘 살 수 있었다고. 파르르 떨리는 섬세한 수염만으로도 어둠 속을 더듬을 수 있고, 가고 싶은 곳 어디든지 갈 수 있었어. 그런데 지도라니!

지도 따위가 뭐라고!

나는 지도가 그런 것일 줄 몰랐어. 그저 말라비틀어진 고기 조각이나 뜯어 먹는 불량 식품 같은 것인 줄 알았지.

하지만 그건, 먹는 게 아니었어.

그건……

보는 거였어!

그래서 어떻게 했냐고? 봤지! 보려고 했다고! 하지만 볼 수가 없었어. 생쥐가 보기에 지도는 전혀 친절하지 않아. 그걸 보고 도대체 무얼 알 수 있겠어? 게다가 나는 시력이 형편없어. 지도에서 무언가를 알아내려고 시도했다간 속이 다 울렁거릴 지경이라고.

그러니까 내가 어떻게 지도를 좋아할 수 있었겠어.

그런데 어느 날 갑자기 내가 지도를 좋아하게 되었다면 믿을 수 있겠어?

나는 어쩌다가 그걸 쥐구멍에 들여놓게 되었어. 아이들이 보다가 버린 **사회과 부도**라는 것이었어. 그건 아주 말짱한 새 책이었어. 침을 묻힌 자국도 없고, 구겨지지도 않았고, 낙서 하나 없었는걸.

나는 낑낑대면서 그걸 쥐구멍까지 옮겨 왔어. 아주 오랫동안 천천히 갉아 먹으려고 말이야. 지도 위로 쪼르르 미끄러져 다니고, 손가락에 침을 묻혀 팔랑팔랑 넘기고, 아무 데나 기어 들어가 이불처럼 덮고 잤어.

하루는 커다란 지도책 위에 앉아 보았어. 빗소리를 들으며 책 위에 올라앉아 있는 기분이란!

그건 내가 지금까지 갉아 먹어 본 여느 책들하고는 달랐어. 삐뚤빼뚤 꼬불꼬불 선들이 기어 다니고, 요상한 기호들이 박혀 있었어. 노란색, 파란색, 초록색, **설사똥 색**, 그냥 똥색, 변비 걸린 똥색으로 칠해져 있고 말이야.

나는 갑자기 그것들이 알고 싶어졌어.

종이는 갉아 먹기 좋지만 가끔은 거기에 씌어 있는 것이 궁금해지기도 하거든. 하지만 거기에는 재미있는 이야기가 있는 글자들도 없고, 새로운 소식을 전해 주는 뉴스도 없었어. 사진조차 없었다고.

나는 전에 음표가 그려져 있는 종이를 본 적이 있어. 그건 '악보'라는 거였어. 사람들이 그것을 읽고 아름다운 음악을 연주한다더군. 지도라는 것도 그런 것일까? 이것을 보고 춤을 춘다든가, 요리를 한다든가, 음악을 연주한다든가 하는?

도대체 지도가 뭐지?

고작 그런 거였어. 지도 보는 법을 알아서 생쥐 마을 탐방이나 세계 여행이라도 떠나려는 게 아니었다고.

나는 개고생을 하게 되었어. 아니 생쥐 고생이라고 해야 하나? 곧 후회가 밀려왔어. 감히 생쥐 주제에 지도 보는 법을 알아내려 하다니!

하지만 멈출 수가 없었어. 나는 무언가를 갉기 시작하면 끝장을 봐야 하거든. 그것이 비누든, 벽이든, 지도 보는 법이든!

나는 오랫동안 지도 보는 법을 가르쳐 주는 책을 찾아다녔어. 시장에도 가고 광장에도 가고 헌책방에도 가고, 곰팡내 나는 국립도서관 지하 서고도 뒤져 보았어. 시궁쥐도 살지 않는 지하 100층까지 내려가 봤어!

하지만 그런 책은 어디에도 없었어.

이 세상에 정말로 그런 책은 없는 걸까? 그때 문득 아직 우리 마을 쥐구멍 도서관에 가 보지 않았다는 생각이 나지 뭐야. 지도 보는 법을 알려 주는 마술 같은 책이 있을까 하고 당장 쥐구멍 도서관에 가 보았어.

찍! 기뻐서 비명을 지를 뻔했어. 지도 보는 법을 알려 줄 것 같은 요상한 제목의 책이 정말로 있는 거야!

아브라카다브라곤약염라대왕대지리지도부도를 손에 쥐는 순간, 발가락이 오그라들고 더듬이가 부르르 떨렸어.

나는 꼬리가 휘날리도록 집으로 달려가 문을 잠그고, 양초를 켜고 마침내 아브라카다브라곤약염라대왕대지리지도부도를 펼쳐 보았어! 차례가 정말 멋졌어. 한 장, 두 장, 책장을 넘기고 또 넘겼어. 지도를 보는 방법에 관한 대단한 비밀이 있을 것만 같았어.

첫 번째 장에는 없었어. 그래, 그렇게 중요한 이야기가 맨 앞에 나올 리 없지. 조금 더 읽어 보았어. 흠, 그렇게 중요한 이야기라면 중간에 꼭꼭 숨겨져 있을 거야.

나는 중요한 내용을 빠뜨리지 않으려고 눈을 부릅뜨고 또박또박 읽고 또 읽었어. 졸음이 오면 꼬리로 얼굴을 찰싹찰싹 때리면서 말이야.

마지막 몇 장밖에 남지 않았을 때, 숨이 멎을 것만 같았어. 재미있는 책은 언제나 마지막에 비밀이 밝혀지잖아. 이윽고 마지막 장에 이르렀어.

하지만 거기에도 없었어.

앞에서 뒤로, 뒤에서 앞으로 책장을 파라락 휘리릭 피리릭 파라락 넘겨 보고 훑어보고 뒤집어 보고 거꾸로 보고 흔들어도 보았어.

없었어. 지도 보는 법에 관한 이야기는 어디에도 없었다고!

나는 흐느껴 울었어. 나의 노력은 아무런 보상도 받지 못했어.

그렇게 먼 거리를 헤매고,

구석구석 뒤지고,

생쥐로선 감히 상상도 못할 고생을 했건만.

나는 비탄에 잠겨 밤새 찌익찌익 울었어. 쥐구멍으로 희뿌연 아침 햇살이 스며들고 있었어.

지도 보는 법을 가르쳐 주는 책은 없어!

세상 어디에도 없는 게 확실해. 이것이 바로 내가 지도 보는 법을 가르쳐 줄 책들을 찾아 헤맨 끝에 얻은 진귀한 교훈이야. 그러니 더 이상 그런 책을 찾지 말고 그럴 돈이 있다면 차라리 지도책을 한 권 사! 쓸데없는 말은 하나도 없고 지도만 나와 있는 진짜 지도책! 좋은 지도책이 있으면 좋겠지만, 나쁜 지도책이라도 없는 것보다는 나아.

나는 세상에 지도 보는 법 따위는 없다는 걸 똑똑히 가르쳐 주기 위해 책을 쓰기로 결심했어. 지도 보는 법 따위는 없어!
　이 책도 마찬가지야. 이 책이 지도 보는 법을 가르쳐 주는 책일 거라고 기대하지 마. 나는 절대로 가르쳐 주지 않을 거니까!

찍찍…찌…………익. **짹**…찍
찍….찍찍….찍……찍 **척!**

글 **권수진 · 김성화**
어렸을 때부터 친구예요. 함께 어린이가 읽는 지식교양책을 쓰고 있어요.
아이들이 재미있는 이야기책을 보듯이, 과학과 역사와 지리 책을
재미나게 술술 읽을 수 있으면 좋겠다고 생각해요.
《과학자와 놀자》로 제 6회 창비 좋은어린이책 상을 받았어요.《고래는 왜 바다로 갔을까》
《어린이가 처음 배우는 인류의 역사》《꼬물꼬물 세균대왕》《박테리아 할머니 물고기
할아버지》《과학은 공식이 아니라 이야기란다》《고양이가 맨 처음 cm를 배우던 날》
《몬스터과학》《거북선생님 자연과학 교실1,2》와 여러 책을 썼어요.

그림 **이수아**
서울에서 태어나 디자인을 전공하고 한국일러스트레이션학교에서 그림책을 공부했어요.
작고 귀여운 것을 만들고 재미있는 그림 그리는 것을 좋아해요.
그린 책으로는《요술항아리》《부자가 된 삼형제》《한옥, 몸과 마음을 살리는 집》
《돌멩이 수프에 딱지》등이 있어요.

지도 요리조리 뜯어보기

권수진·김성화 글 | 이수아 그림

Mirae N 아이세움

생쥐의 지도책

얼마 전 오래된 집터를 허물던 공사장에서 기이한 책 한 권이 발견되었어요. 거기에는 생쥐가 어떻게 지도 보는 법을 알게 되었고, 세상을 향해 모험을 떠나게 되었는지 자세히 기록되어 있었지요.

신비롭고 놀라운 이야기였어요. 생쥐의 지도 보는 법이 적혀 있었으니까요.

지도…보는…법이라……. 생쥐가 어떻게 알았을까요?

놀라운 건 생쥐가 생쥐의 눈으로 지도를 보았다는 거예요.

생쥐는 올바로 해냈어요. 학교에서 지도를 100시간 배우는 것보다 훨씬 더 잘 해냈지요. 아무도 가르쳐 주지 않았기 때문에 생쥐는 생쥐만의 방식으로 지도를 보았어요. 어둠 속에서 먹을 것을 찾듯이, 힐끗거리고 쿵쿵거리고 째려보다가 마침내 **꽉** 물어 버렸지요.

생쥐는 이것을 알아냈어요.

지도는 그림이야! 찍!

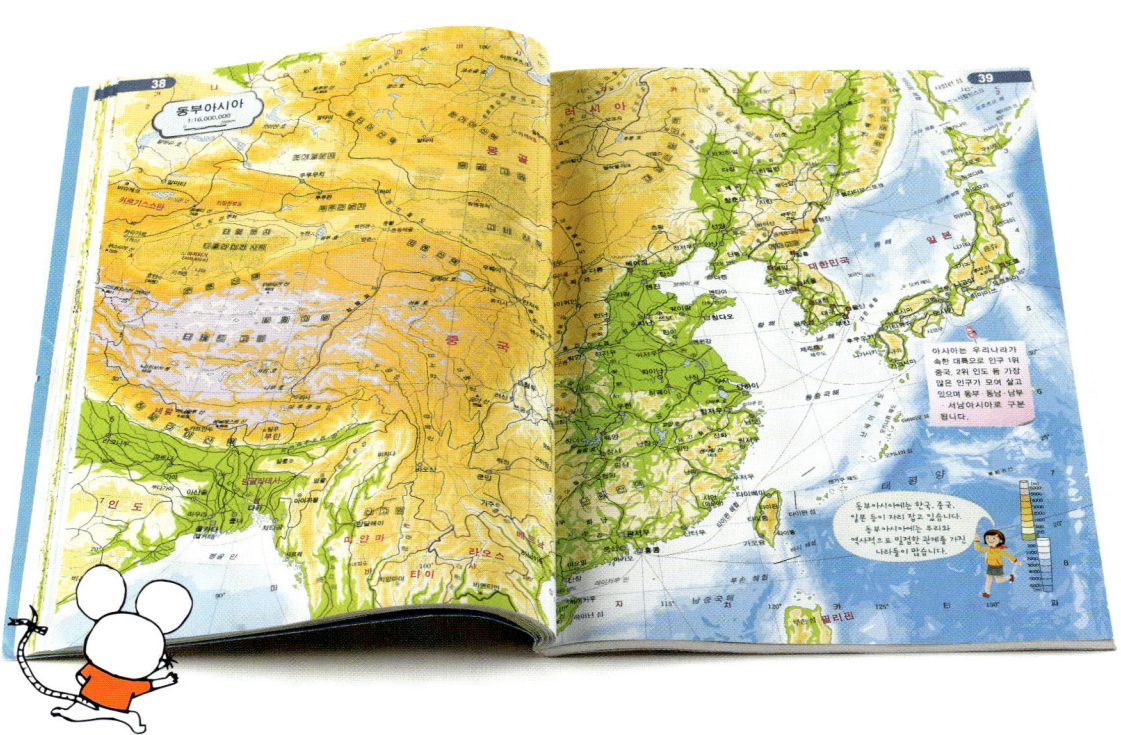

대단한 발견이었지요. 놀라운 발견이고요. 생쥐는 지도가 시도 아니고 음악도 아니고 먹는 것도 아니고, 아무튼 거기에 무언가가 그려져 있다는 걸 알아본 거예요.

하지만 지도는 그냥 그림이 아니었어요. 신기한 약속과 규칙이 있는 그림이었지요. 생쥐는 상상력 넘치는 화가라면 이런 그림은 결코 그리고 싶어 하지 않을 거라고 생각했어요. 마음대로 그릴 수도 없고 색깔도 칠할 수 없으니까요. 게다가 알 수 없는 줄과 기호 들로 가득 차 있었지요. 그걸 보고 무엇을 알 수 있을까요?

그런데 놀라운 건 반드시 무언가를 알게 된다는 거예요! 그것도 **아주 많이!** 약속을 알고 규칙을 깨우치자 그 속에 숨어 있는 이야기를 읽을 수 있었어요.

생쥐는 깨달았지요. 지도가 다른 세계로 들어가는 문이라는 걸! 생쥐는 어두컴컴한 문을 많이 알고 있었는데, 문틈으로 치즈를 발견하기도 하고 가끔은 재미있는 구경거리도 보았지요. 하지만 생쥐는 지도가 그런 문들과는 비교도 할 수 없다는 걸 알았어요. 종이로 된 문 너머에, 비밀에 둘러싸인 신비로운 세상이 펼쳐져 있었지요. 지도에는 수많은 수수께끼와 미지의 세계가 숨어 있었답니다. 생쥐가 좋아하는 미로와 비밀 장소도 수두룩했어요.

뚫어져라 쳐다보기

지도를 보는 첫 번째 방법은 그냥 지도를 뚫어져라 쳐다보는 거예요! 그냥 보기만 하면 되지요. 충분히 오랫동안 들여다보기만 하면!

아무것도 몰라도 되었어요. 정말 그냥 보고만 있었는데, 무슨 일인가가 일어났답니다! 생쥐는 뚫어지게 지도를 보았고 점점 미궁 속으로 빠져들게 되었지요.

생쥐의 집에는 커다란 지구본이 있었어요. 그것이 어디서 났는지는 생쥐도, 생쥐의 할아버지도 모르는 수수께끼예요. 생쥐는 그것이 지도라는 것을 알게 되었어요. 처음엔 믿기 어려웠지요. 생쥐는 말랑말랑하고 사각거리고 갉아 먹을 수 있는 것만이 지도라고 생각했으니까요.

하지만 지구본은 지도가 틀림없었어요. 지구본에는 지구에 있는 대륙과 바다, 섬, 남극과 북극이 정확하게 그려져 있었지요.

생쥐는 공 모양 지도에 매달려 신나게 돌았어요. 지구본은 아주 빠르게 빙글빙글 돌아갔어요. 그러다가 생쥐는 **쿵!** 쥐구멍 바닥에 나가떨어졌고, 한동안 어지러워서 정신을 차릴 수 없었어요. 지도는 빙글빙글 돌다 스르르 멈추었어요.

생쥐는 바닥에 벌러덩 누워 지구를 올려다보게 되었어요. 지구본에 올라앉아 보던 풍경과는 완전히 딴판이었어요. 한가운데 남극 대륙이 있고 주변은 온통 파란 바다였어요. 그 옆에 오스트레일리아 대륙이, 그 반대편에 남아메리카 대륙이 조금, 아래쪽에 아프리카 대륙의 끄트머리가 보였어요.

생쥐는 뚫어지게 지구를 보다가 소리쳤어요.

지구는 바다야! 찍!

지도를 뒤집어도 지도!

그렇답니다. 지구는 바다예요! 지구의 4분의 3이 바다로 출렁거리니까요. 보통은 알아채기 힘들지만, 생쥐는 지도를 거꾸로 보았기 때문에 단박에 알아챘지요. 생쥐는 놀랍게도 책 귀퉁이에 이렇게 써 놓았어요.

지도는 뒤집어도 지도야! 찍!

생쥐가 어떻게 알았을까요? 정말로 지구에는 위도 없고 아래도 없지요. 지구는 우주에 붕 떠 있고, 우주에는 위도 없고 아래도 없어요. 지구는 둥글고, 사람들도 생쥐도 둥그런 땅 위에 붙어서 살고 있어요. 그러니까 어떻게 누가 위에 살고 누가 아래에 산다고 할 수 있겠어요.

그런데 이상한 일이지요. 지구본에는 떡 하니 받침대가 있고, 적도를 기준으로 위쪽과 아래쪽을 정해 놓았으니 말이에요.

그건 사람들이 하늘을 관찰하며 항해를 하던 시절에 선원들이 밤하늘에서 몹시도 밝게 빛나는 별 하나를 보았기 때문이에요. 해가 뜨고 지고, 달이 차고 기울고, 여름과 겨울에 별자리가 변하는데도 그 별은 언제나 그 자리에 떠 있어서 뱃사람들은 바다 한가운데서도 길을 잃지 않고 항해를 할 수 있었지요. 사람들은 그 별을 북극성이라 불렀어요.

사람들은 북극성을 길잡이 삼아 먼 곳까지 항해를 떠났어요. 하지만 북극성은 아프리카 대륙의 허리를 넘어 남쪽으로 항해를 하려면 더 이상 보이지 않았어요.

북극성은 북반구에서만 볼 수 있어요. 사람들은 지구를 딱 반으로 갈라 북극성이 보이는 반쪽 지구를 북반구, 그 반대쪽을 남반구라 부르기로 했어요. 편리한 대로 북반구를 위쪽에, 남반구를 아래쪽에 두었을 뿐 우주에서는 북반구가 정말로 위쪽에 있다고 할 수 없고 남반구가 정말로 아래쪽에 있다고도 할 수 없어요.

여러분도 생쥐처럼 해 보세요. 지구본을 위에서 내려다보고, 반대로 아래쪽에서도 올려다보는 거예요. 옆으로만 아니라 아래위로 빙빙 돌아가는 지구본이 있다면 좋겠지요.

지도는 규칙이 있는 그림이라고 했는데 이것이 첫 번째 규칙이에요. 지구는 위도 아래도 없지만, 지구를 지도로 만들 때는 북극성이 있는 쪽을 위쪽으로 하기로 규칙을 정한 것이랍니다.

지도 위에 눈금이?
위도와 경도

하루는 생쥐가 이렇게 했지요.

깜깜한 밤에 달빛도 스며들지 못하게 창문을 닫고, 커튼을 내리고, 양초를 켰어요. 그리고 지구본을 천천히 왼쪽에서 오른쪽으로 돌려 본 거예요.

우주에서 지구가 정말로 그렇게 돌고 있답니다! 촛불은 태양이에요. 불빛이 비치는 쪽은 낮이에요. 어스름한 쪽은 밤이고요. 천천히 지구를 돌리면서 보면 어둠이 물러가고 차츰차츰 아침이 밝아 오는 나라들이 보여요. 생쥐는 마치 하느님이 된 기분으로 세상에 밤이 물러가고 낮이 오는 광경을 내려다보았지요.

생쥐는 공 모양 지도 위에서 **쌩쌩** 달리다가 떨어지고 다시 기어 올라가 쌩쌩 달렸어요. 지구가 정말로 그렇게 빨리 돈다면 순식간에 밤이 오고 순식간에 아침이 와서 정신이 없을 거예요.

생쥐는 지구 돌리기 놀이에 싫증이 나서 멈췄는데, 눈앞이 어질어질하더니 그것이 나타났어요.

그건 마치 그물같이 보였는데, 정말로 지구에 그물을 씌워 놓은 것 같았지요. 생쥐는 앞발로 긁다가 뒷발로 긁다가 입으로 갉으려고 했어요.

하지만 그건 진짜 줄이 아니었고, 그저 지도 위에 그려져 있는 그림이었지요. 생쥐는 안심하고 내려왔지만 그것이 무엇인지는 알 수 없었어요.

저런! 그건 생쥐에게는 정말로 어려운 문제였어요. 지도 위에 그려 놓은 그물 같은 줄을 이해하려면 생쥐도 수학을 조금은 알아야 했으니까요.

지구에는 정말로 줄이 없지만 사람들은 지구에 상상으로 가로세로 눈금을 그었어요. 그리고 그것을 지도에 그렸어요. 그러자 어떤 나라가 어디에 있는지 꼭 집어 말할 때 편리했지요.

그런 것이 수학이라면 생쥐라고 못할 것도 없지요. 생쥐는 수학이 놀라운 발명이라고 생각했어요.

그러니까 가로 눈금이 위도예요. 학자들은 지구를 북극에서 남극까지 가로로 180칸으로 나누었어요. 적도를 기준으로 위쪽에 90칸, 아래쪽에 똑같이 90칸을 그렸지요.

적도 위쪽은 북위, 적도 아래쪽은 남위라고 부르는데 어떤 나라가 적도 위쪽으로 30번째 칸에 있으면 북위 30도, 아래쪽으로 20번째 칸에 있으면 남위 20도에 있다고 말하면 된답니다.

하지만 위도만으로는 그 나라가 정확히 어디에 있는지 알 수 없어요. 적도 위쪽으로 30번째 칸에 있는 나라는 지구를 빙 둘러 나란히 많이 있으니까요.

그래서 세로 눈금도 필요해요. 지구에 상상으로 그어 놓은 세로 눈금을 경도라고 불러요. 지구를 북극에서 남극까지 세로로 360칸으로 나누었어요. 영국을 기준으로 오른쪽으로 180칸, 왼쪽으로 180칸으로 나눈 거지요.

영국에서 동쪽으로 10번째 칸에 있으면 동경 10도에 있다고 하고, 서쪽으로 10번째 칸에 있으면 서경 10도라고 불러요.

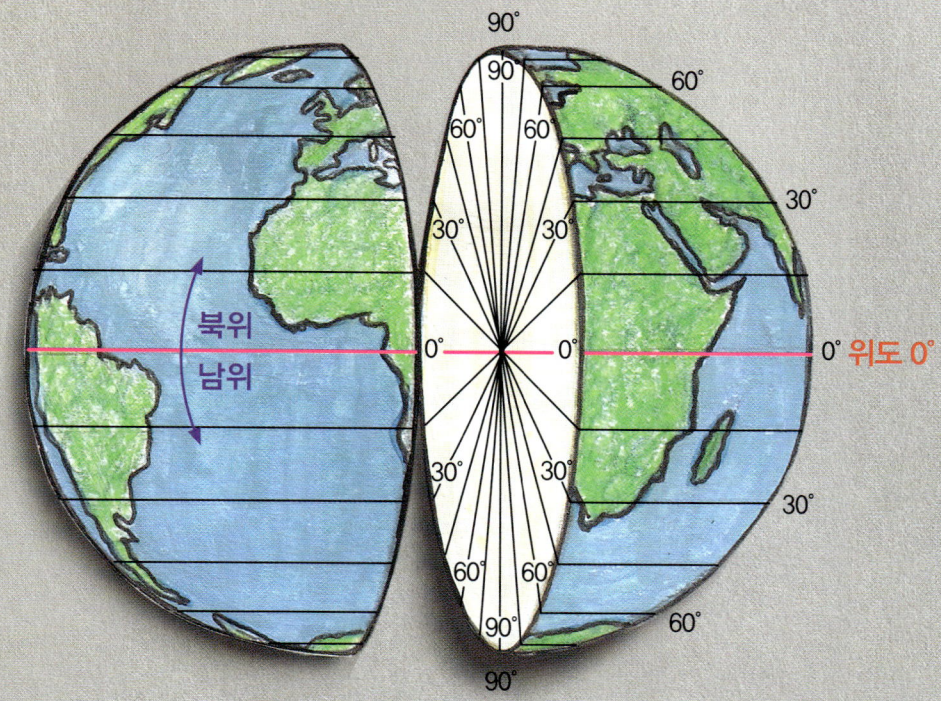

지구 한가운데 가장 기다란 가로줄이 적도예요.
적도를 위도 0도로 하기로 했어요.

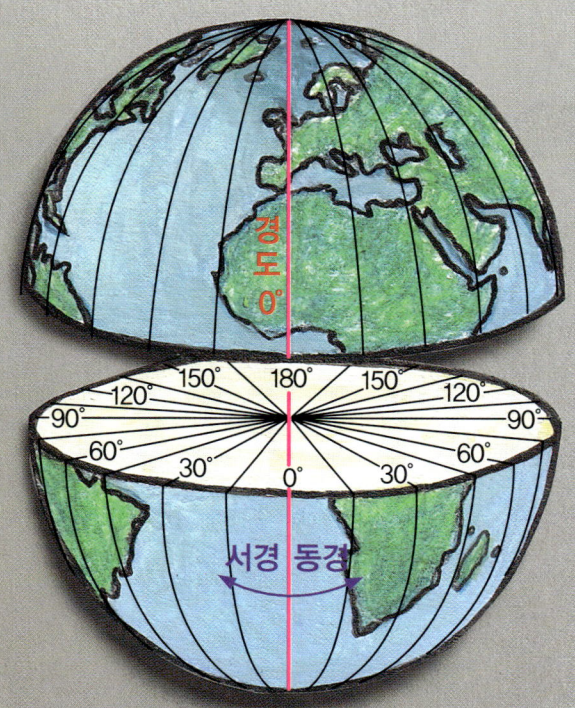

영국의 그리니치 천문대를 지나가는 세로줄을
경도 0도로 약속했어요.

위도와 경도를 알면 어떤 나라가 어디에 있는지 단번에 찾을 수 있어요. 우리나라는 북위 33도에서 43도 사이, 동경 124도에서 132도 사이에 있지요.

생쥐는 지도에서 우리나라와 같은 위도에 있는 나라들을 찾아보았어요. 옆으로 같은 줄에 있는 나라들은 계절이 비슷하고 기후도 비슷해요. 우리나라와 같은 경도에 있는 나라들도 찾아보았어요. 우리나라가 아침이면 같은 경도에 있는 나라들도 아침이에요. 우리가 밤이면 이 나라들도 밤이고요.

생쥐는 경도 줄을 따라 **아래로 아래로** 내려가다가 오스트레일리아 킴벌리 고원의 밤을 상상해 보았어요.

공 모양 지구를 납작한 종이에 펼치기

여러 가지 투영법으로 그린 지도

지구본은 지구를 가장 닮게 그린 지도예요. 진실한 지도라고 할 수 있지요.

하지만 지구본은 한 가지 단점이 있는데, 들고 다니기가 몹시 불편하다는 거예요. 둘둘 말거나 납작하게 접어서 주머니에 넣고 다닐 수 없으니까요.

공 모양 지구를 납작한 종이에 펼칠 수 있을까요?

이것은 너무나도 어려운 문제였어요. 아무리 똑똑한 과학자와 수학자와 지리학자가 머리를 맞대도 소용없었어요. 대륙의 모양을 정확하게 그리려니 크기가 엉터리이고, 크기를 정확하게 그리려니 땅 모양이 찌그러졌어요. 지구는 동그란데 종이는 납작하고 네모나서 그렇게 되었지요.

아무리 해도 공 모양 지구를 네모난 종이 위에 정확히 옮겨 놓을 수 없어요! 그건 수학으로도 어쩔 수 없는 일이었어요. 네모나고 납작한 종이로는 결코 완벽하게 공 모양을 만들 수 없고, 공 모양은 어떻게 해도 평평하고 네모난 종이가 될 수 없어요.

그렇다면 도대체 어떻게 된 일일까요? 네모나고 납작한 세계 지도가 학교와 우체국, 은행, 공항 벽에 떡 하니 걸려 있고, 수많은 책과 수첩에 버젓이 실려 있으니 말이에요. 그릴 수 없는데 어떻게 그린 걸까요?

네모난 세계 지도에는 속임수가 있었답니다. 그 사실을 알게 되었을 때 생쥐가 얼마나 놀랐을지 상상해 보세요. 이상하고 이상했어요. 생쥐는 지구본을 보다가 네모난 세계 지도를 보다가 **찍!** 비명을 질렀어요.

그것을 알기까지는 꽤 오랜 시간이 걸렸어요. 어느 날 생쥐는 지구를 커다란 귤이라고 상상해 보았어요. 생쥐는 귤껍질 위에 슥슥 삭삭 세계 지도를 그렸지요. 정확하게 그리지 못해도 상관없어요. 정확하게 그리는 건 지도학자들의 몫이고, 생쥐는 지도 만드는 사람들이 어떻게 했는지 그 원리만 눈치채면 되니까요.

생쥐는 귤껍질을 세로로 잘라 펼쳤어요. 보세요. 생쥐의 지도가 납작해졌어요! 하지만 어딘가 이상했어요. 공 모양에서는 분명히 붙어 있었는데 귤껍질을 잘라 납작하게 펼쳤더니 바다가 떨어지고 땅 사이가 벌어졌어요. 지도는 **뾰족뾰족**하고요.

어떻게 하지? 할 수 없지요. 귤껍질을 고무라고 상상하고 잡아당기고 늘여서 틈을 메워 버리는 거예요! 이제 바다도 땅도 잘 붙어 있게 되고 지도도 네모반듯하게 되었어요.

1. 생쥐는 귤껍질 위에 세계 지도를 그렸어요.

2. 그런 다음 귤껍질 지도를 세로로 8조각으로 잘랐어요.

3. 두꺼운 사전으로 꾹꾹 눌러 두었어요.

4. 귤껍질 사이를 메웠어요.

하지만 엄청난 문제가 생겼어요.

유럽 땅이 너무 커져 버렸어요! 러시아와 캐나다, 남극 대륙도 커지고요. 위쪽과 아래쪽에서 갈라진 지도의 빈틈을 억지로 잡아 늘여서 붙였으니 당연한 일이에요.

가장 심각한 일은 북극의 섬 **그린란드**가 남아메리카 대륙만큼 커져 버렸다는 거예요. 실제로는 남아메리카 대륙이 그린란드보다 8배나 더 큰데도 말이에요.

어쩔 수 없어요. 온 세상 사람들이 이런 세계 지도를 쓰고 있어요. 유럽과 러시아, 북아메리카 사람들은 자기 나라가 크게 나온다고 특별히 더 좋아하고요. 그렇지만 세계 지도는 거짓말을 하고 있어요. 실제로는 세계가 이렇게 생기지 않았으니까요.

세계 지도에 대한 엄청난 비밀을 알게 되었을 때, 생쥐는 숨이 멎을 것 같았어요. 누구에게도 말할 수 없고, 말해서도 안 되었어요. 생쥐의 책에 따르면 그건 오랫동안 **생쥐만 아는 비밀**이었답니다!

지도학자들은 머리를 짜내 세계를 되도록 실제 모습과
가깝게 나타내려고 여러 가지 방법으로 지도를 그려요.
어떻게 해도 완벽한 지도는 될 수 없지만,
필요에 따라 다양한 세계 지도를 써요.

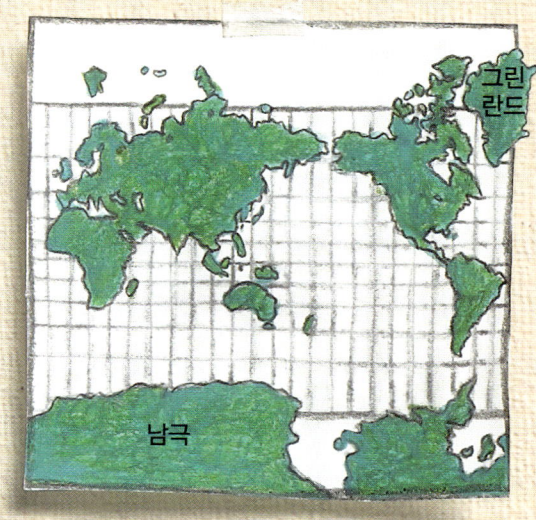

메르카토르 도법

위선과 경선이 직선이어서 극쪽으로 갈수록
땅의 크기가 실제보다 커져요.

심사 도법 지도

면적이 실제 크기와 많이 다르지만,
하늘에서 볼 때 도시와 도시로 가는
가장 빠른 길을 알려 주기 때문에
비행기 조종사들이 많이 써요.

구드 도법 지도

육지의 모양과 면적이 정확하지만
바다를 갈라서 그려야 해요.

지도 줄이기
대축척 지도와 소축척 지도

동그란 지구가 네모난 종이에 들어가게 되었다고 해서 생쥐의 궁금증이 완전히 풀린 것은 아니에요. 왜냐하면 지구는 엄청나게 크니까 지구를 모두 종이 위에 옮기려면 지구만 한 종이가 필요하지 않을까 생각했기 때문이에요.

생쥐가 아무리 생각해 봐도 그럴 수는 없는 노릇이었어요. 물론이에요. 그런 이유로 지도학자들은 지구를 줄이고 줄여서 그리지요. 하지만 지도학자들도 마음대로 줄이는 건 아니에요.

지구를 줄일 때도 규칙이 있어요! 지구를 줄여서 그릴 때는 아래 위 옆 간격을 똑같은 비율로 줄여야 해요. 그래야 줄인 다음에도 땅의 모양이 변하지 않고 위치도 변하지 않아요. 이렇게 실제 크기를 지도에서 얼마나 작게 그렸는지 나타내는 것을 축척이라고 하는데, 생쥐는 생전 처음 들어 보는 말이었어요. 발음하기도 어려웠지요.

축척 축적 축축 촉촉 푹죽 폭죽!

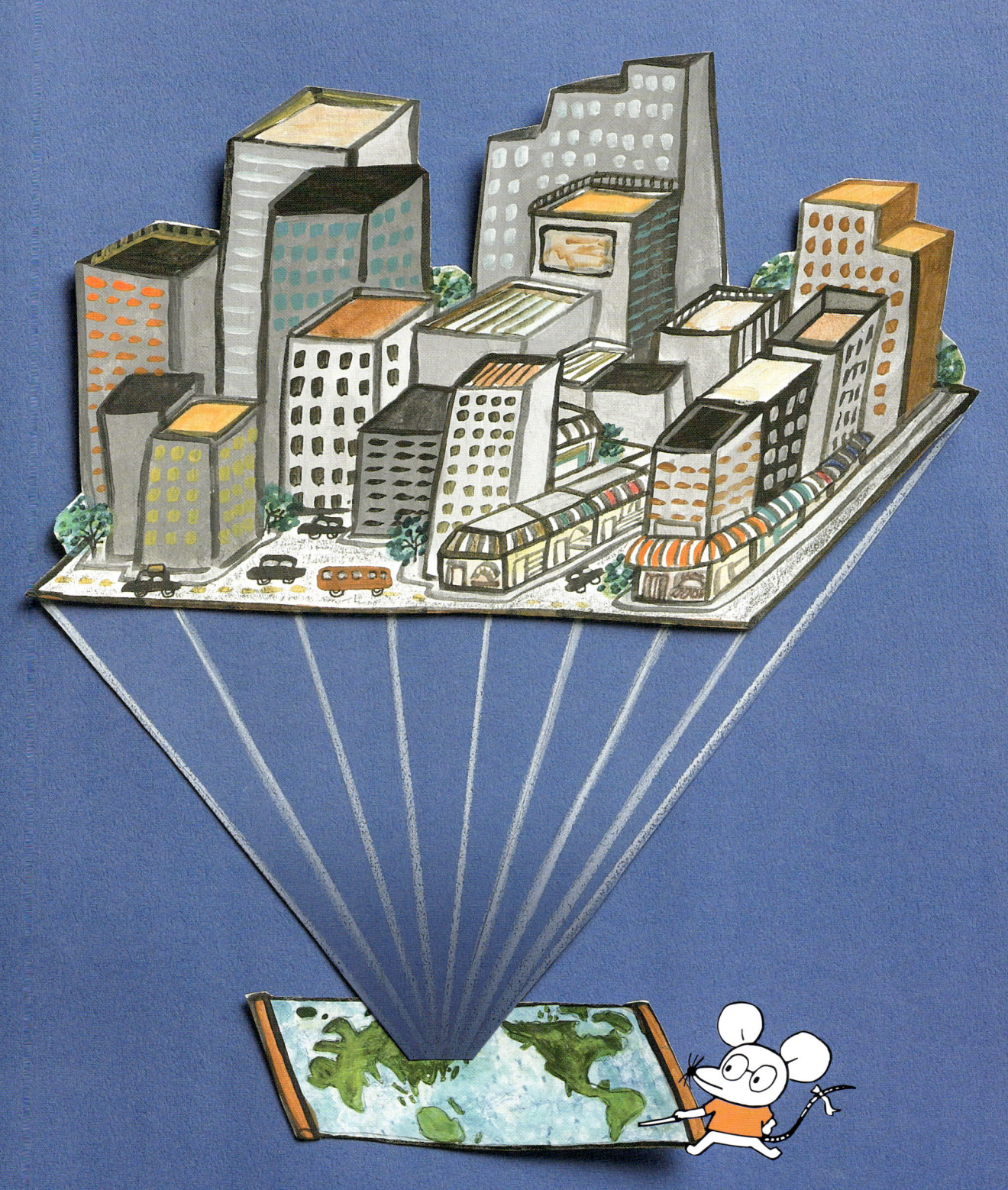

아무튼 생쥐는 세계 전체를 종이 한 장에 모두 담으려면 실제 거리를 아주아주 많이 줄여야 한다는 걸 이해했어요. 덤으로 이것도 알게 되었지요.

거리를 어마어마하게 많이 줄여서 실제보다 아주 작게 보이는 지도를 소축척 지도라고 한다는 것, 거리를 적게 줄여서 제법 커다랗게 그린 지도는 대축척 지도라고 한다는 걸 말이에요.

지도책에는 넓고 넓은 지구를 그린 세계 지도와 조그만 마을 지도가 비슷한 크기로 그려져 있었어요. 오랫동안 머리를 굴린 뒤에 생쥐는 이해했어요. 세계 지도는 너무 많이 줄인 소축척 지도예요. 마을 지도는 그렇게 많이 줄이지 않은 대축척 지도예요.

모든 지도에는 실제 크기를 얼마만큼 줄였는지 알려 주는 숫자가 적혀 있어요. 생쥐의 세계 지도에는 1:104,000,000이라고 적혀 있었지요. 이 말은 지도에서 1센티미터가 실제로는 104,000,000센티미터라는 뜻이에요.

숫자 밑에는 막대자가 그려져 있어요. 도시와 도시 사이의 진짜 거리를 알고 싶으면, 지도에서 두 도시 사이의 거리를 잰 다음 지도에 있는 막대자의 길이와 맞추어 보면 돼요.

생쥐는 경상북도 지도에서 영천시와 경주시가 얼마나 멀리 떨어져 있는지, 생쥐의 걸음으로 며칠 만에 갈 수 있는지 가늠해 보았어요.

MEMO

1. 생쥐는 자로 경주와 영천 사이의 거리를 재었어요. (3)센티미터예요.

2. 막대자를 봐요. 지도에서 1센티미터가 실제로는 10킬로미터라는 것을 알 수 있어요.

3. 경주에서 영천까지 지도에서 (3)센티미터이니까
3 × 1,000,000 = 3,000,000
3,000,000cm = 30,000m = 30km
실제로는 (30)킬로미터가 돼요.

← 소축척 지도

MEMO

경주시의 도로가 잘 보여요.
시외버스터미널에서 안압지로 가는 길을 찾아 보세요.

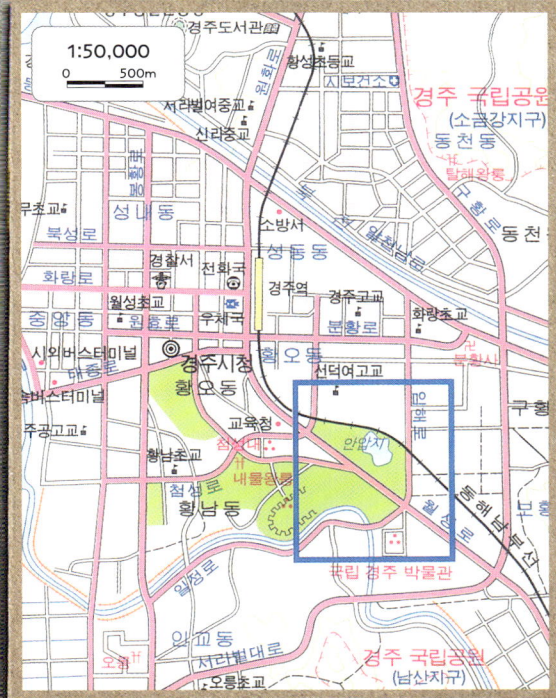

← 대축척 지도

색깔로 지도 보기

생쥐는 지도 위에 앉아 있었어요. 책갈피 한가운데 왼쪽 페이지와 오른쪽 페이지 사이 불룩한 부분에 기대 있었지요. 앞에는 푸릇푸릇 연두 색깔이, 등 뒤로는 누리끼리한 황갈색 풍경이 널따랗게 펼쳐져 있었어요.

생쥐는 일어나 쪼르르 앞으로 가 보았어요. 노란색이 점점 엷어지더니 연두색이 나왔어요. 연두색 너머에는 흰색이, 흰색 너머에는 옅은 파랑이, 그 너머에는 진한 파랑이 나타났어요.

생쥐는 실눈을 뜨고 지도를 탐색했어요. 그러다가 지도책 아래쪽 귀퉁이에서 색깔 기둥을 발견했지요. 한 개는 똑바로, 한 개는 뒤집혀 있었어요. 꼭 아이스크림 컵같이 보였어요.

뭐지?

생쥐는 색깔 기둥을 오르락내리락하다 지도의 약속 한 가지를 새로 알게 되었어요.

색깔 기둥 두 개가 만나는 곳에 0이라고 씌어 있었어요. 0 위쪽에는 200, 500, 1000, 2000, 3000, 4000이라고 씌어 있고요. 아래쪽으로는 거꾸로 내려가면서 200, 1000, 2000, 3000, 4000, 5000, 6000이라고 씌어 있었어요.

도대체 무슨 뜻일까요?

아하! 지도학자들이 지구를 빙 둘러 찰랑거리는 바다 표면의 높이를 0미터로 정하기로 약속했다는 거예요! 이건 그냥 약속이에요.

지구에는 높고 높은 산도 있고 넓고 넓은 사막도 있고 편평한 풀밭도 있는데 도대체 어디가 지구에서 가장 편평하다고 할 수 있을까요? 모두가 고민하다가 잔잔한 바다 표면을 0미터로 하기로 정했어요. 땅이 바다 표면보다 조금씩 높아질 때마다 지도에서 색깔로 높이를 표시하기로 한 거예요. 색깔로 땅의 높이를 그리다니! 누가 이렇게 **기똥찬 생각**을 했을까요?

생쥐는 감탄했어요. 색깔도 없고 숫자로만 되어 있는 지도는 상상하기도 싫었지요.

생쥐는 지도를 보았어요. 색깔이 파도처럼 덮치는 것 같았어요. 바다 표면보다 약간 높은 평평한 평지는 연두색, 조금 더 높은 곳은 노란색, 좀 더 높은 곳은 노란색이 좀 더 진하게 칠해져 있었어요. 노란색이 점점 더 진해지다가 갈색이 되면, 거기부터는 아주 높은 곳이라는 뜻이에요. 5000미터보다 더 높이, 하늘 아래 가장 높은 땅은 아주 특별한 색깔로 칠해요. 보라색으로요!

생쥐는 지도에서 보라색을 찾아보았어요. 지도에서 이런 곳은 아주 드문데, 히말라야 산맥과 티베트 고원이 바로 그런 곳이에요. 공기가 모자랄 만큼 높은 곳이지요.

티베트 고원은 우리나라 제주도보다 더 남쪽에 있는데도 일 년에 6개월은 눈이 녹지 않고, 기온은 영하 30도까지 내려가요. 이따금 사나운 폭풍이 휘몰아치고 눈이 흩날리기도 하지요.

이런 곳에도 사람들이 살고 있어요. 물론 생쥐들도 살고 있고요. 하늘과 가장 가까운 티베트 마을에 사는 사람들은 등에 무거운 짐을 싣고 노새나 말조차도 가기 힘든 가파른 고갯길을 넘어 다녀요.

생쥐는 보라색 티베트 고원에 앉아 세상의 꼭대기에 있는 기분을 만끽했어요. 그러면서 지도를 보았지요. **갠지스 강, 메콩 강, 황허 강, 양쯔 강……**. 아시아 대륙의 큰 강들이 모두 티베트 고원에서부터 아래로 아래로 **구불구불** 흘러가고 있었어요!

색깔 기둥의 0미터부터 그 아래는 바다예요!

지도에서 바다는 파란색으로 칠하기로 약속했어요. 얕은 바다에서 깊은 바다로 갈수록 차츰차츰 더 진한 파란색으로 칠하기로 말이에요. 0미터부터 200미터까지는 햇볕이 드는 얕은 바다예요. 물고기와 성게, 바다풀과 산호 들이 사는 곳이지요. 얕은 바다는 아주아주 옅은 파란색이어서 거의 흰색으로 보여요.

200미터보다 더 깊은 바다는 좀 더 진한 파란색으로 표시해요. 여기서부터는 햇빛도 뚫고 들어가기 어려워요. 1000미터, 2000미터로 내려가면 점점 더 진한 파란색으로 색칠해요. 그곳에는 향유고래가 있을지도 몰라요. 에이허브 선장의 다리를 앗아 간 무시무시한 모비딕 말이에요. 대양을 오가는 고래들 중 오직 향유고래만이 그렇게 깊은 곳까지 잠수할 수 있지요.

지도에는 향유고래조차 접근할 수 없는 깊은 바다까지도 표시되어 있어요. 3000미터, 4000미터, 5000미터, 6000미터까지 내려가 봐요. 이렇게 어두운 바닷속 아래에는 무엇이 있을까요?

지도에 빈틈이 없어!

세계 지도 훑어보기

 너덜너덜한 생쥐의 지도책 중에서도 생쥐가 가장 오래 머문 곳은 세계 지도였답니다. 군데군데 발자국이 있고 생쥐가 생각에 잠겨 왔다 갔다 한 흔적으로 얼룩져 있었지요.

 생쥐가 들여다본 세계 지도는 사실 대단한 그림이었답니다. 왜냐고요? 옛날에는 이런 그림을 아무나 볼 수 없었기 때문이에요. 세계 지도를 본다는 것은 이 세상에 관한 굉장한 지식, 엄청난 비밀을 알게 되는 일이었지요. 왕이나 장군, 학자, 권세 있는 부자 들만 은밀하게 세계 지도를 보았어요. 그런데 오늘날에는 아이들은 물론이고 생쥐까지도 마음만 먹으면 얼마든지 지도를 볼 수 있게 되었으니, 옛날 왕들이 이 사실을 안다면 무덤에서 벌떡 일어나고도 남을 일이지요.

 생쥐는 기분이 야릇했어요. 왕이 된 기분으로 지도 위를 돌아다녔어요. 생쥐는 지도에서 나라를 102개까지 세다가 포기했어요. 어떤 나라는 큰 땅을 차지하고 어떤 나라는 조그만 땅을 차지하고 있었어요. 바다에 닿은 나라, 여러 나라 사이에 비좁게 끼인 나라, 섬 하나가 통째로 나라인 곳도 보았어요. 생쥐는 놀라운 사실을 발견하고 책에다 휘갈겨 썼어요.

 찍! 빈틈이 없어!

그랬어요. 지도에 그려진 나라와 나라 사이에 빈틈이 조금도 없었어요! 수많은 나라들이 모두 퍼즐 조각처럼 꼭꼭 맞물려 있었던 거예요. 지도가 보여 주는 대로라면 비어 있는 땅, 주인 없는 땅은 없다는 이야기인데, 그런 건 생쥐의 세계에서는 있을 수 없는 일이었어요. 어떻게 이 세계의 모든 땅을 빈틈없이 다 나누어 가졌다는 것인지 생쥐는 이해할 수 없었어요. 생쥐의 세계에서는 고양이의 땅도 아니고 생쥐의 땅도 아니고 두더지의 땅도 아니고 개미의 땅도 아닌 곳이 얼마든지 있었으니까요.

하지만 사람들도 처음부터 그랬던 것은 아니에요. 몇백 년 전 아프리카나 아메리카, 오스트레일리아에서는 친척끼리 모여 살며 이리저리 옮겨 다녔고, 국경선 같은 것도 정하지 않았어요. 누구도 땅의 주인이 아니었지요.

지금도 국경선으로 나누어지지 않은 곳이 딱 한 군데 남아 있어요. 바로 남극 대륙이에요. 남극 대륙에는 사람들이 살지 않고 나라도 없어요. 과학자들만이 연구 기지에서 잠깐씩 일할 수 있을 뿐이에요. 남극 대륙을 굳이 무슨 나라라고 불러야 한다면 황제펭귄의 나라라 할 수 있지요.

지도를 소리 내어 읽어 봐!

생쥐는 지도 위에서 바쁘게 돌아다녔어요. 기다란 대륙이 나타났어요. 어찌나 기다란지 북쪽은 거의 북극에 닿아 있고, 남쪽은 남극에 닿을락 말락 했어요! 바로 아메리카 대륙이에요.

아메리카 북쪽 꼭대기에 **알래스카**가 있어요. 그곳에는 이누이트 족이 얼음집을 짓고 개 썰매를 타고 바다표범을 사냥하며 살고 있지요. 알래스카 바로 옆에는 러시아가 있어요. 아시아 대륙과 아메리카 대륙이 이렇게 가까이 붙어 있다니! 생쥐는 사람들도 이 사실을 알고 있을까 하며 혼자 으쓱했어요.

생쥐는 아시아와 아메리카 사이에 코를 박고 자세히 보다가 **베링 해협**을 발견했어요. 아시아와 아메리카 사이에 있는 베링 해협은 강처럼 가늘게 보였고, 지도에 거의 흰색으로 색칠되어 있는 걸 보니 아주 얕은 바다인 게 분명해요.

생쥐는 북쪽에서 섬들을 **폴짝폴짝** 밟고 오른쪽 귀퉁이로 가 보았어요. **그린란드** 섬이 있었어요. 그린란드는 세계에서 가장 커다란 섬이에요. 어찌나 큰지 그린란드보다 크면 대륙, 그린란드보다 작으면 섬이라고 부르기로 학자들이 약속했다는 거예요.

생쥐는 털을 부르르 떨었어요. 당연해요. 북극이 코앞이니까요.

생쥐는 따뜻한 곳을 찾아서 남쪽으로 내려갔어요. 대륙이 점점 좁아지고 있어서 두 발을 모아 조심조심 걸었어요. 생쥐는 아메리카 대륙이 개미허리만큼 가늘어진 곳에 이르렀는데, 파나마라는 곳이었지요. 거대한 북아메리카 대륙과 남아메리카 대륙이 이곳에서 간당간당하게 이어져 있었어요! 이런 곳을 지협이라고 부르는데, 가장 좁은 곳의 폭이 48킬로미터 밖에 되지 않아요. 파나마 지협의 왼쪽은 태평양, 오른쪽은 대서양이고요. 생쥐는 파나마 지협에 서서 한쪽 발을 태평양 바닷물에 담그고, 한쪽 발을 대서양 바닷물에 담갔어요. 지도 위에서는 생쥐도 거인이 된 듯한 기분이 들었지요.

생쥐는 주위를 둘러보았어요. 파나마 지협을 지나니 가느다란 땅에 여러 나라들이 비좁게 모여 있었어요. 과테말라, 온두라스, 니카라과, 코스타리카, 그리고 바다 건너 조그만 섬들에도 나라가 많이 있었어요. 세인트키츠 네비스, 앤티가 바부다, 세인트빈센트 그레나딘, 트리니다드 토바고!

이렇게 괴상하고 어려운 이름이 있다니! 생쥐는 그것들을 읽느라고 더듬더듬 소리를 내었어요. 소리를 내어 읽는다고요?

그랬답니다. 생쥐는 국어책을 읽듯이 큰 소리로 지도책을 읽었어요! 그리고 놀라운 사실을 알게 되었는데, 소리 내어 읽었더니 지도를 천천히 꼼꼼하게 보게 되더라는 거예요. 지도가 훨씬 더 잘 보였어요!

앤티가 바부다

온두라스

과테말라

코스타리카

세인트키츠 네비스

도미니카

세인트빈센트 그레나딘

트리니다드 토바고

니카라과

세인트루시아

지도는 기호야!

생쥐는 지도를 들여다보는 게 점점 재미있어졌어요. 지도 위에서는 어디든 갈 수 있고 무엇이든 될 수 있으니까요. 생쥐는 여행을 계속했는데, 지도 위를 가다가 이상한 것을 발견했어요.

발 아래에 넓고 **삐뚤빼뚤**하고 파란 것이 나타났어요. 그냥 파랗기만 했다면 지나가 버렸을 거예요. 하지만 그건 파란데다, 빨간 점이 가로세로 줄을 맞춰 가며 수없이 박혀 있었지요.

생쥐는 멈춰 서서 이름을 읽어 보았어요. 카스피 해라고? 하지만 이름만으로는 파란색 위에 빨간 점, 그러니까 빨간 점 박힌 파란 것이 도대체 무엇인지 알 수 없었어요.

생쥐는 설명이 있을까 하고 지도책을 맨 앞에서부터 샅샅이 들춰 보았어요. 첫째 장, 둘째 장을 넘기고 셋째 장을 폈을 때 빨간색, 까만색, 파란색, 조그만 그림들이 줄지어 나타났답니다.

생쥐는 그림을 보고, 글자를 보았어요. 글자를 보고, 그림을 보았어요. 그러다가 이 조그만 그림들이 기호라는 것을 알아냈어요. 아시아 사람, 아프리카 사람, 유럽 사람, 그리고 생쥐도 지도를 보고 똑같이 알아볼 수 있도록 산과 강, 호수, 사막, 기찻길을 쉽고 간단하게 기호로 나타내는 거예요. 그러니까 빨간 점이 박혀 있는 파란색 표시는 바로 염호였어요!

염호는 소금이 많이 녹아 있어서 맛이 짠 호수예요. 원래는 바다였는데, 오래전에 바닷물이 낮아져서 육지가 드러나고, 깊은 곳은 그대로 남아 호수가 되었지요.

생쥐는 지도책을 넘겨서 카스피 해로 되돌아갔어요. 카스피 해는 우리나라보다 두 배쯤 넓은데, 이렇게 넓은 곳이 모두 호수이고, 게다가 맛이 짠 염호라는 거예요!

지도 기호

우리나라

기호	이름	기호	이름	기호	이름
┼┼┼	국계	═══	국도	○	주요동리
─·─	특별시 광역 도계	───	지방도	◯	국립공원
───	시 군 구계	───	기타 도로	◯	도립공원
─ ─	읍 면 계	▓▓▓	시가지	🎓	대학교
├┼┤	고속철도	⊡	특별시 광역시 도청소재지	⚑	초 중고등학교
┼○┼	복 단선철도	◎	시청소재지	卍	능 사찰
─○─	지하철	◉	군 구청소재지	⚐	해수욕장
═══	고속국도	⊙	읍소재지	♦	등대

다른 나라

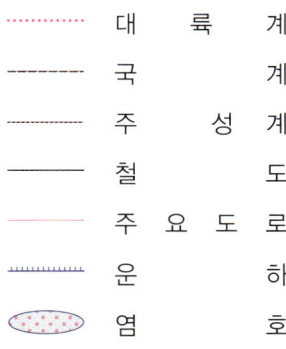
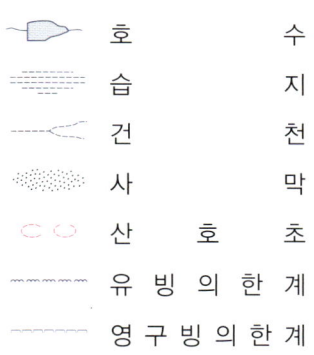

기호	이름	기호	이름	기호	이름
·········	대륙계		호수	⊡ ● ● ·	수도
─ ─ ─	국계		습지	⊡	300만 명 이상 도시
·······	주 성계		건천	◎	100~300만 명 도시
───	철도		사막	◉	50만~100만 명 도시
───	주요도로		산호초	⊙	10만~50만 명 도시
⊥⊥⊥⊥	운하		유빙의한계	○	10만 명 미만
◯	염호		영구빙의한계		

공통 기호

기호	이름	기호	이름	기호	이름
▲ ▲	산 화산	───	항공로	∴	명승고적
▼	댐	⊕	비행장	※	광산
───	항로	⚓	항구	≋	폭포

영토 기호

(미)	미국	(노)	노르웨이	(남)	남아프리카 공화국
(영)	영국	(포)	포르투갈	(신)	신탁통치
(프)	프랑스	(에)	에스파냐		
	오스트레일리아	(네)	네덜란드		
	뉴질랜드	(덴)	덴마크		

생쥐는 카스피 해 위쪽으로 올라가 보았어요. 그런데 이건 뭘까요? 빨간 땡땡이 줄이 구불구불 올라가고 있었어요. 생쥐는 지도책 앞쪽에서 기호 목록을 찾아보았어요.

아하! 빨간 땡땡이 줄은 대륙과 대륙을 나누는 경계선이었어요. 땡땡이 줄 오른쪽을 아시아 대륙, 왼쪽을 유럽 대륙이라고 부르라고 이렇게 표시해 놓은 거예요.

생쥐는 땡땡이 줄 옆으로 갔어요. 군데군데 가로 점선이 그려진 구역이 있었어요. 그건 발이 푹푹 빠지는 축축한 습지였지요.

정말 신기한 일이었어요. 한 번 발견하니 자꾸자꾸 발견하게 되었으니까요! 생쥐는 카스피 해를 보다가 그 옆에서 흑해를 발견했어요. 흑해는 꼭 육지 속에 들어앉은 호수처럼 보였지만, 아주 가느다랗게 바다로 이어지는 길이 있었어요. 아주 조그만 생쥐였기 때문에 바늘 끝만큼 가는 구멍도 쉽게 알아챌 수 있었지요.

생쥐는 흑해에서 가느다란 빨간 줄 몇 개를 발견했어요. 흑해의 커다란 도시 이스탄불에서 사방으로 빨간 줄이 뻗어 있었어요. 그건 배가 다니는 항로였어요! 바다에도 길이 있고 배들은 정해진 항로를 따라서만 간다는 거예요! 배가 가는 길이라고요? 그렇다면 이스탄불에서 배를 타면 어디로 이어질까요?

생쥐는 빨간 줄을 따라가다가 베이루트라는 도시를 지나갔어요. 다마스쿠스를 지나 예루살렘을 지나 아라비아 반도에 도착했어요. 그곳에는 사막이 넓게 펼쳐져 있었어요. 지도에 조그맣고 까만 점들이 모래처럼 수없이 박혀 있었어요. 노란색 땅에도 연두색 땅에도요!

생쥐는 사막을 거슬러 올라가 바그다드에 닿았어요. 테헤란 옆에서는 화산을 발견했어요. 빨간 산 밑에 숫자가 깨알만큼 작게 적혀 있었는데, 이 화산은 높이가 5671미터나 된다는 거예요.

생쥐는 오랫동안 사막을 건너고, 화산을 오르고, 질척질척하고 끝없는 습지를 헤매고 다녔어요. 지도에 기호가 있다고 아무도 가르쳐 주지 않았는데 조그만 생쥐 혼자서 이것들을 발견했지요.

생쥐는 기뻐서 소리쳤어요!

찍! 지도는 기호야!

그렇답니다. 지도는 온통 기호예요. 지도에 있는 것 중에 기호가 아닌 것은 아무것도 없어요. 아무리 작은 점 한 개라도, 가느다랗고 구불구불한 선, 동그라미, 네모, 색깔 하나에도 모두 뜻이 담겨 있어요. 무슨 기호가 무슨 뜻인지 알고 싶으면 지도책 맨 앞을 찾아보면 된답니다.

동네 지도 그리기

기호와 방위표

 어느 날 아침 생쥐는 야심 찬 생각을 하게 되었어요. 직접 마을 지도를 그려 보겠다는 것이었어요! 생쥐는 지도를 그리려면 마을을 꼼꼼하게 관찰해야 한다고 생각했어요. 어떻게 이렇게 훌륭한 생각을 해냈을까요?

 생쥐는 쥐구멍을 나와 마을을 돌아다녔어요. 가게, 놀이터, 쓰레기통, 우체통, 건널목, 울타리, 수채 구멍, 쥐똥나무 길을 돌고 돌고 또 돌았어요. 그런 다음에 쥐구멍으로 돌아와서 보고 그린 것을 정리해 지도로 만들었어요. **아주아주** 오래 걸렸어요.

 그건 정말 칭찬해 주고 싶은 그림이었답니다. 생쥐가 관찰력을 발휘하여 오래오래 정성을 쏟아 그렸으니까요.

 하지만 어딘지 이상해요. 영 지도답지가 않아요!

 그렇답니다. 생쥐는 지도를 지나치게 자세하게 그렸어요. 그제야 생쥐는 깨달았어요. 지도는 그림이지만 풍경화가 아니라는 걸, 지도를 그릴 때는 실제 모습과 똑같이 그릴 수 없다는 걸 말이에요. 세계 지도에서 사막, 염호, 항로, 운하, 화산 들을 진짜로 그리지 않고 기호로 간략하게 표시했듯이 마을 지도를 그릴 때도 기호가 필요해요.

생쥐는 지도를 다시 그렸어요. 그러려면 생쥐 마을을 위한 기호가 따로 필요했어요. 지도책을 아무리 뒤져 봐도 건널목, 쓰레기통, 가게, 수채 구멍, 쥐똥나무 길 따위 기호는 보이지 않았으니까요. 생쥐는 새로 기호를 만들었어요. 그리고 4도 크게 그려 넣었는데, 지도를 그릴 때 방위표를 빠뜨렸기 때문이에요.

생쥐는 방위표가 특별한 기호란 걸 눈치챘어요. 산, 공원, 기찻길 기호는 산, 공원, 기찻길이 정말로 거기에 있다는 표시예요. 하지만 방위표는 땅 위에 있는 것을 표시하는 기호가 아니었어요. 방위표는 눈에 보이지 않는 방향을 알려 주는 표시랍니다. 동서남북은 눈에 보이지 않지만 방위표를 보고 알 수 있지요.

방위표 위쪽이 북쪽이에요. 아래쪽은 남쪽이고 오른쪽은 동쪽, 왼쪽이 서쪽이에요. 만약 지도에 방위표가 없으면 위쪽이 북쪽이에요.

생쥐는 태어나서 처음으로 북쪽이 어딘지 남쪽이 어딘지 동쪽, 서쪽이 어딘지 공부했어요. 아침에 해가 떠오르는 쪽이 동쪽이에요. 그 반대편이 서쪽이에요. 밤하늘에 북극성이 보이는 쪽이 북쪽이에요. 그 반대편이 남쪽이고요. 생쥐는 오른쪽 왼쪽 위쪽 아래쪽 빙글빙글 정신없이 돌았어요. 온 세상이 빙빙 도는 것 같았지요.

보세요! 여러 가지 기호와 방위표를 써서 생쥐가 정성껏 다시 그린 지도랍니다.

지도 보고 길 찾아가기

　생쥐는 지도를 들고 마을 한가운데 서 있었어요. 생쥐는 자기 집이 어디에 있는지 잘 알고, 낯선 곳에 떨어지더라도 수염만 매끈하게 다듬어져 있다면 눈을 감고도 얼마든지 길을 찾을 수 있었어요. 하지만 생쥐는 순전히 지도만 보고 길을 찾아보기로 했답니다.

　생쥐의 집은 지도의 남쪽에 있었어요. 생쥐는 지도를 펴 들고 주위를 둘러보았어요. 지도에 있는 풍경과 맞추려고 이리저리 지도를 돌려 보았지요.

　하지만 지도에 있는 풍경과 마을 풍경이 똑같지 않았어요. 쓰레기통, 수채 구멍, 우체통, 민들레꽃 같은 것들은 지도에 꼼꼼하게 그려 놓았지만 학교, 교회, 문방구같이 커다란 곳들을 빠뜨렸기 때문이에요. 마을 한가운데서 어느 쪽으로 발을 내딛어야 남쪽으로 가게 되는 걸까요?

　생쥐는 **쪼르르** 달려가 나침반을 가지고 왔어요. 길 위에 나침반을 놓고 기다렸지요. 나침반 바늘이 휙휙 돌다가 멈추었어요. 빨간 바늘이 가리키는 쪽이 북쪽이에요.

　생쥐는 지도의 북쪽을 나침반 바늘이 가리키는 북쪽과 맞추었어요. 생쥐의 집은 남쪽에 있으니까 지도를 보면서 나침반 바늘과 반대

방향으로 가면 돼요!

　나침반이 없을 때는 어떡할까요? 그때는 하늘을 봐야 해요. 해는 아침에 동쪽 어딘가에 있고, 저녁에는 서쪽 어딘가에 있어요. 한낮에는 해가 남쪽 방향에 높이 떠 있어요. 그러니까 해를 보고 남쪽 방향을 찾은 다음, 지도를 돌려 남쪽으로 지도를 맞추어야 해요.

　지도를 공부하면서 생쥐에게 새로운 버릇이 생겼어요. 박물관에 가면 맨 먼저 지도를 챙기는 거예요. 놀이공원에 갈 때도 안내 지도를 챙겼어요. 아무에게도 묻지 않고 수염도 쓰지 않고 어디든지 지도만 보고 찾아가 보려고 말이에요.

지도를 따라 그렸어

생쥐는 우리나라 지도를 열심히 들여다보았어요. 그렇게 오랫동안 자세히 본 건 처음이었어요.

국경선을 따라가다 생쥐는 백두산에 올라섰어요. 백두산은 화산이 틀림없어요! 정말로 빨간 화산 표시가 있었지요.

생쥐는 서랍에서 부스럭부스럭 종이를 꺼냈어요. 아이들이 수업 시간에 쓰는 것인데 뒤쪽이 비치는 얇은 종이였어요. 도대체 생쥐가 그런 것을 어디서 구했을까요?

생쥐는 지도 위에 종이를 대고 우리나라를 따라 그렸어요! 테두리를 따라 조심조심 그렸어요. 생쥐는 그럭저럭 동쪽 해안을 그렸어요. 하지만 점점 아래로 내려가 토끼 꼬리처럼 뭉툭 튀어나온 곳을 지나 남쪽을 그릴 무렵 **꽥** 소리를 지르고 말았어요.

찍! 이게 뭐야!

생쥐가 연필을 집어던질 만도 했어요. 남쪽과 서쪽 해안은 라면보다 더 꼬불꼬불하고 푸들 털보다 더 꼬불거렸지요. 조그만 섬들이 이렇게나 많다니! 크고 작은 섬들을 189개나 그렸는데도 아직도 섬들이 100개도 더 넘게 남아 있었어요.

생쥐는 그만 나자빠지고 말았어요.

지도 보고 땅 모양 상상하기

우리나라 지형도

그래서 생쥐가 포기했을까요?

생쥐는 구석에서 지점토 뭉치를 끌고 왔어요. 그것으로 한반도 모양을 만들겠다고 생각했어요. 종이에 베껴 그릴 때는 섬 하나도 빠뜨리지 않으려고 했지만 지점토로는 어림없는 일이었기 때문에 욕심내지 않기로 했답니다.

생쥐는 지점토를 반죽해서 호떡만 한 두께로 만들고 우리나라 모양으로 가장자리를 다듬었어요. 지도를 들여다보면서 어느 곳이 높고 뾰족한지, 어느 곳이 낮고 평평한지 상상해 보았어요.

우리나라 동쪽은 노란색과 갈색이 많아요. 서쪽과 남쪽은 연두색이에요. 지도 색깔만 봐도 우리나라는 동쪽이 높고 서쪽으로 갈수록 차츰차츰 낮아지는 걸 알 수 있었지요. 생쥐는 으쓱했어요. 옛날에는 몰랐던 것들이니까요.

생쥐는 높다란 동쪽 산맥에 갈색 지점토를 두껍게 쌓았어요. 서쪽에는 연두색 지점토를 얇게 펴 발랐어요. 그리고 성냥개비를 가져와 강 모양을 따라서 지점토 반죽 위에 골을 새겼어요. 마지막으로 파란 물감으로 골을 따라 색칠했어요.

생쥐는 마치 하늘에서 내려다보는 것처럼 지도를 완성했어요!
생쥐는 몰랐지만, 그건 **지형도**였답니다. 지형이란 땅의 형세, 그러니까 땅의 모양이라는 뜻이에요. 땅이 어떻게 생겼는지 알아볼 수 있도록 지도에 나타낸 것을 지형도라고 부르지요. 지형도를 보면 산맥과 산, 강, 평야의 모양을 알 수 있지요. 생쥐는 납작한 종이에 그려져 있는 지형도를 보고 입체 지형도를 만든 거예요.

재미있는 독도 지도
등고선 보는 법

　생쥐는 지도책을 1쪽부터 141쪽까지 보고 또 보았어요. 그런데 하마터면 귀중한 지도 하나를 놓칠 뻔했어요. 생쥐는 지도책을 뒤지다가 우연히 1쪽보다도 더 앞쪽을 보게 되었고, 그곳에서 재미있는 지도를 발견했어요. 기품 있는 글씨체로 독도라고 씌어 있었지요.

　생쥐는 소리 내어 독도의 주소를 읽어 보았어요.

　대한민국 경상북도 울릉군 울릉읍 독도리!

　생쥐는 지도에서 등대와 선착장, 동굴, 주민 숙소, 샘 1개, 우체통, 봉우리 3개를 발견했어요. 독도 주위로는 조그만 바위들이 솟아 있었어요. 군함바위, 지네바위, 김바위, 부채바위, 미역바위, 촛대바위, 닭바위, 코끼리바위, 넙덕바위, 독립문바위, 부채바위, 물오리바위, 숫돌바위! 생쥐는 친절한 독도 지도를 보고서 웃음을 터뜨렸어요.

　독도는 무척 울퉁불퉁하게 생겼어요. 봉우리도 있고 파도가 드나들 만큼 낮은 곳도 있어요. 뾰족하고 움푹하고 높고 낮은 독도의 모양도 납작한 종이에 지도로 나타낼 수 있어요!

생쥐는 부엌에서 밥그릇을 가지고 와 책상 위에 엎어 놓았어요. 그리고 이것이 독도라고 상상했지요.

생쥐는 밥그릇 옆에 자를 똑바로 세우고 높이가 1센티미터인 곳을 따라 줄을 그었어요. 2센티미터, 3센티미터, 이렇게 그릇 꼭대기까지 1센티미터 간격으로 그릇을 빙 둘러 가며 줄을 그었어요. 그런 다음 밥그릇을 위에서 내려다보았어요.

생쥐는 깜짝 놀랐어요. 옆에서 봤다가 위에서 봤다가, 밥그릇을 오르락내리락거렸어요. 분명히 똑같은 간격으로 줄을 그었는데 위에서 보니까 다르게 보였어요! 좁은 곳과 넓은 곳이 생겼어요. 가파른 곳이 좁게, 평퍼짐한 곳이 넓게 보여요!

생쥐가 밥그릇에 했듯이 측량사와 지도학자 들이 정말로 독도를 탐험하고 높이를 재어 지도를 그렸어요. 이것이 바로 등고선 지도예요. 등고선 지도를 보면 땅의 높낮이를 알 수 있어요. 봉우리와 골짜기를 찾을 수 있어요.

생쥐는 지도에서 제일 안쪽 등고선을 찾아보았어요. 160미터라고 되어 있었어요. 이곳이 독도에서 가장 높은 봉우리, 대한봉이랍니다.

등고선

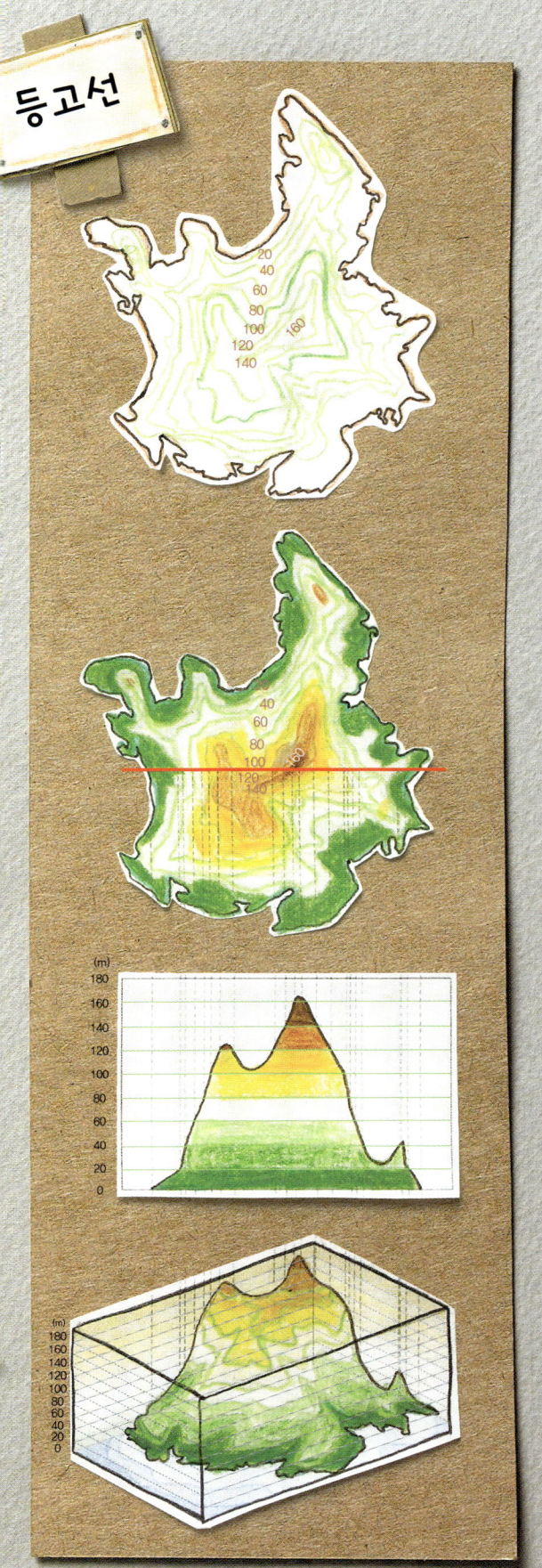

줄 사이가 촘촘하면 가파른 곳이에요. 줄 사이가 널찍하면 길이 낮고 비스듬해서 올라가기 편해요. 줄이 움푹 들어간 곳에는 골짜기가 있어요.

채색도
등고선 지도에 초록색, 노란색, 갈색으로 색칠해서 높이를 구분해요.

단면도
독도를 세로로 잘라서 옆에서 본 모양이에요.

입면도
독도를 위에서 비스듬히 내려다본 모습이에요.

점으로 그린 지도

인구분포도

생쥐는 이런 지도를 여태 본 적이 없었어요. 꼬불꼬불하고 복잡한 선도 없고 알록달록한 색깔도 없었어요. 빨간 점과 빨간 얼룩! 도대체 이것들이 무엇일까요?

이런 것도 지도일까? 지도라면 반드시 무언가가 있을 텐데…….

그것이 무엇인지 생쥐는 짐작도 할 수 없었지요. 생쥐는 비밀을 풀기 위해 돋보기를 가져왔어요. 하지만 빨간 점은 돋보기를 들이대도 여전히 빨갛기만 할 뿐이었어요. 그래도 포기하지 않고 지도를 샅샅이 들여다보았어요. 그러다가 마침내 왼쪽 귀퉁이에서 조그만 글자를 찾아냈어요!

점 1개＝5,000명

점 한 개가 5000명이라고요? **푸하하하!** 그러니까 이 점들이 다 사람들이라는 거예요! 생쥐보다 백 배나 더 커다란 사람들이 이렇게 조그만 점으로 변했어요. 점 한 개는 5천 명, 점 10개는 5만 명, 점 100개는 50만 명! 사람들이 많이 사는 곳을 이렇게 점을 찍어 나타낸 거예요.

지도가 말을 해!

알면 알수록 지도는 놀라운 발명품 같았어요. 종이에 점을 찍는 것만으로도 어디에 누가 많이 사나 한눈에 보여 주니까 말이에요. 지금까지 생쥐는 지도란 세계가 어떻게 생겼는지, 무슨 나라들이 있고, 어디에 산과 바다와 강, 호수와 사막과 도시 들이 있는지 알려 주는 것인 줄만 알았는데, 다른 이야기를 들려주는 지도도 있다는 걸 알게 되었지요.

다른 이야기라고요? 그렇답니다. **시시콜콜** 글로 쓰거나 말로 하지 않아도 지도를 보면 훨씬 더 잘 이해되고 단번에 알 수 있는 이야기들 말이에요. 어디 어디서 자주 지진이 발생하는지, 금과 은이 어디에 많이 묻혀 있는지, 어떤 나라가 물이 부족한지, 독감 인플루엔자가 어디 어디로 퍼져 가는지, 고래들이 어디로 여행하는지, 야생 원숭이가 어디에 살고 있는지 지도라면 한눈에 보여 줄 수 있어요.

광물 자원의 분포와 이동

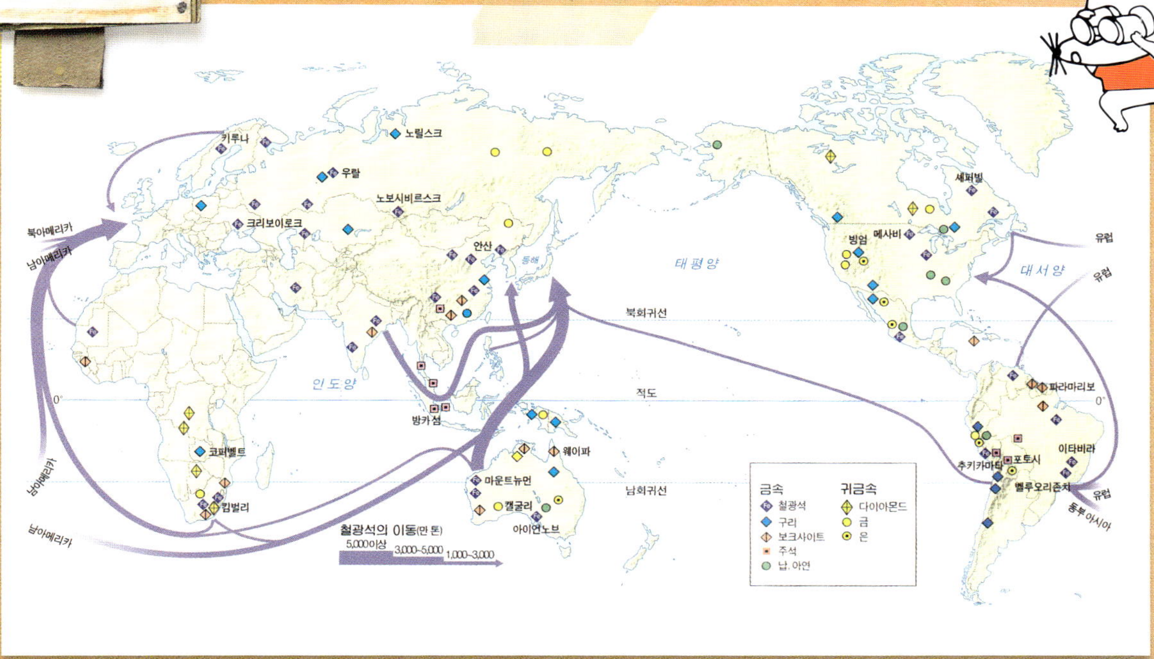

물 부족 국가

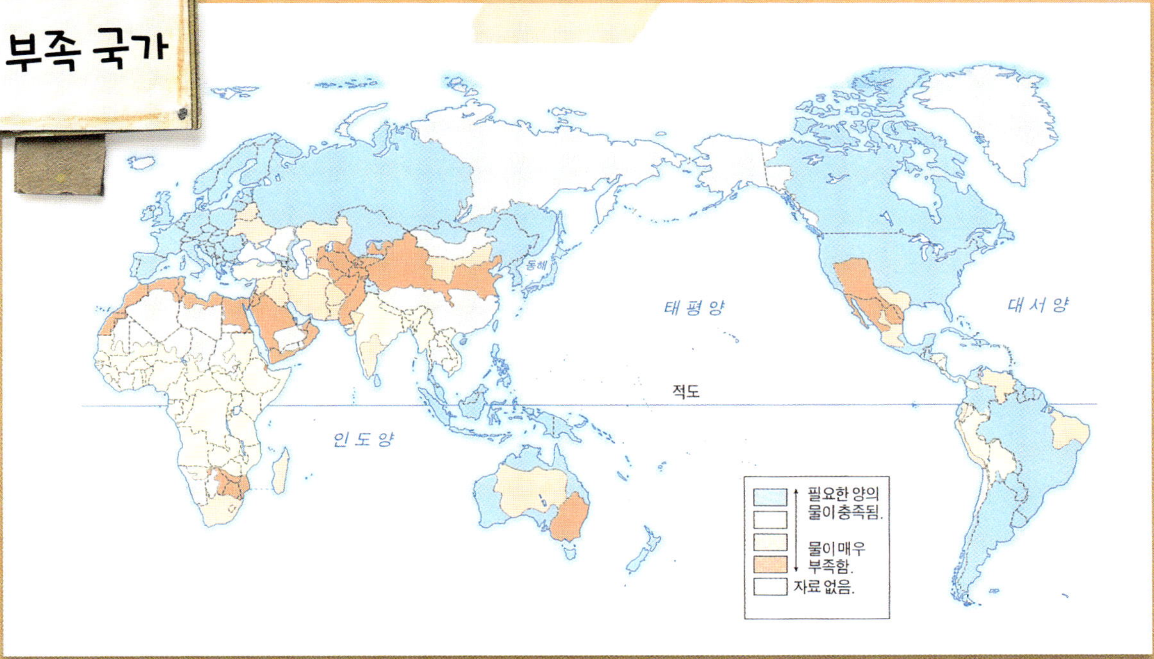

옛날에는 무슨 일이 있었는지도 지도로 알 수 있어요. 먼 옛날에 어디 어디에 공룡들이 살았는지, 흑사병이 어디서 어디로 번져 갔는지, 사람들이 얼마나 많이 죽었는지도 지도로 보여 줄 수 있어요.

지도는 그림이니까 지도를 뚫어지게 보고 있으면 지도가 말해 주려는 것을 이해할 수 있어요. 알려 주고 싶은 이야기가 있는데, 그것을 지도로 보여 주는 것이 훨씬 더 이해하기 쉽다면 지도로 그리는 거예요. 이런 것을 주제도라고 부르지요. 주제가 있는 지도, 이야기가 있는 지도라는 뜻이에요.

주제도를 만들 때는 지도학자와 여러 분야의 학자들이 서로 도와 자료를 모으고 분석해요. 그런 다음에 주제를 쉽고 간단한 그림으로 보여 줄 수 없을까 고민하지요. 점을 찍을까, 빗금을 칠까, 동그라미를 그릴까, 색깔을 칠할까, 화살표를 길게 늘이자고!

지도학자들만 이런 지도를 만들 수 있을까요?

생쥐도 주제도를 만들어 보기로 했어요. 생쥐 동네에 관한 거라면 생쥐가 더 잘할 수 있지요.

주제도 뜯어보기

기온과 강수량도

이것은 무슨 지도일까요?

지도에 진하고 옅게 파란색이 색칠되어 있어요. 생쥐는 주제도를 볼 때는 탐정처럼 하면 된다는 것을 알았어요. 제목을 읽고, 돌아다니고, 기호를 관찰하고, 오른쪽 왼쪽 아래쪽 위쪽 귀퉁이의 조그만 글자까지 꼼꼼히 살피고, 갉아 보고 긁어 보면 분명히 실마리를 찾을 수 있었지요.

생쥐는 왼쪽 구석에서 파란색 네모를 찾았어요! 강수량이라고 되어 있고 옆에 숫자가 있었어요. 강수량은 비가 얼마나 많이 왔는지 숫자로 알려 주는 거예요. 가장 진한 파란색 네모 칸을 보니 80밀리미터라고 되어 있었어요. 한 달 동안에 내린 빗물의 양이 그만큼이라는 뜻이에요. 빗물은 땅속으로 들어가고 어디론가 흘러가 버리지만 빗물을 모두 도시에 가둬 둘 수 있다면 80밀리미터 높이가 될 거라는 거예요. 물론 도시가 수영장처럼 평평하고 사방에 벽이 있다면 말이에요.

맨 아래쪽에는 옅은 노란색 네모 칸이 있었어요. 거기에는 10밀리미터라고 씌어 있었지요.

그건 비가 아주 적게 와서 한 달 내내 건조했다는 뜻이에요. 생쥐는 지도를 보고 곰곰히 생각한 뒤에 책에 이렇게 적었어요.

"찍! 평양보다 서울에 비가 더 많이 내려. 서쪽에 있는 서울보다 동쪽에 있는 강릉에 비가 훨씬 많이 내려."

생쥐는 강수량 지도 옆에서 구불구불 늘어진 줄이 그려진 지도도 보았어요.

생쥐는 왼쪽 귀퉁이에서 **등온선**이라는 말을 찾아냈어요. 생쥐는 등온선이 무슨 말인지 몰랐어요. 하지만 구불구불한 선 양쪽 끝에 같은 숫자가 적혀 있는 것을 알아 보았어요. 선 양쪽 끝에 있는 숫자가 온도라는 것도 눈치챌 수 있었어요.

생쥐는 한참 생각하다가 **찍** 소리쳤어요. 줄이 지나가는 도시와 마을은 더 위쪽에 있든 더 아래쪽에 있든, 모두 온도가 똑같다는 뜻이에요! 생쥐는 맨 아래쪽에서 빨간 줄을 보았어요. 빨간 줄 양쪽 끝에는 0이라고 되어 있었어요. 오른쪽에 강릉, 왼쪽에는 광주가 있어요. 강릉이 훨씬 북쪽에 있는데도 광주와 기온이 비슷하다는 거예요.

"빨간 선 양쪽 끝이 위쪽으로 올라가 있어.
바닷가가 내륙보다 겨울에 더 따뜻하다는 말이야!"

이런 것도 지도일까?
지하철 노선도

이 지도를 처음 봤을 때 생쥐는 정말 삭막하다고 느꼈어요. 마치 뼈다귀만 남아 있는 것 같아요. 산과 강, 나라와 도시 같은 모습은 보이지 않고, 무슨 이야기가 있을 것 같지도 않았어요. 그저 그물처럼 줄들이 얽혀 있고 동그란 점들이 있을 뿐이었지요. 그건 마치 미로같이 보였어요.

생쥐는 한쪽 끝에서 출발하여 길을 잃지 않고 다른 쪽 끝까지 간 다음, 다른 길로 처음 출발지까지 되돌아가 보려고 했어요. 생쥐는 몇 번이나 길을 잃었고, 나중에는 정신마저 잃을 지경이었지요.

생쥐가 본 건 지하철 노선도였어요. 지하철이 다니는 길과 타고 내리는 역만 간단히 표시되어 있는 지도였지요. 놀라운 것은 지도에 지하철이 가는 진짜 길은 나오지 않는다는 거예요!

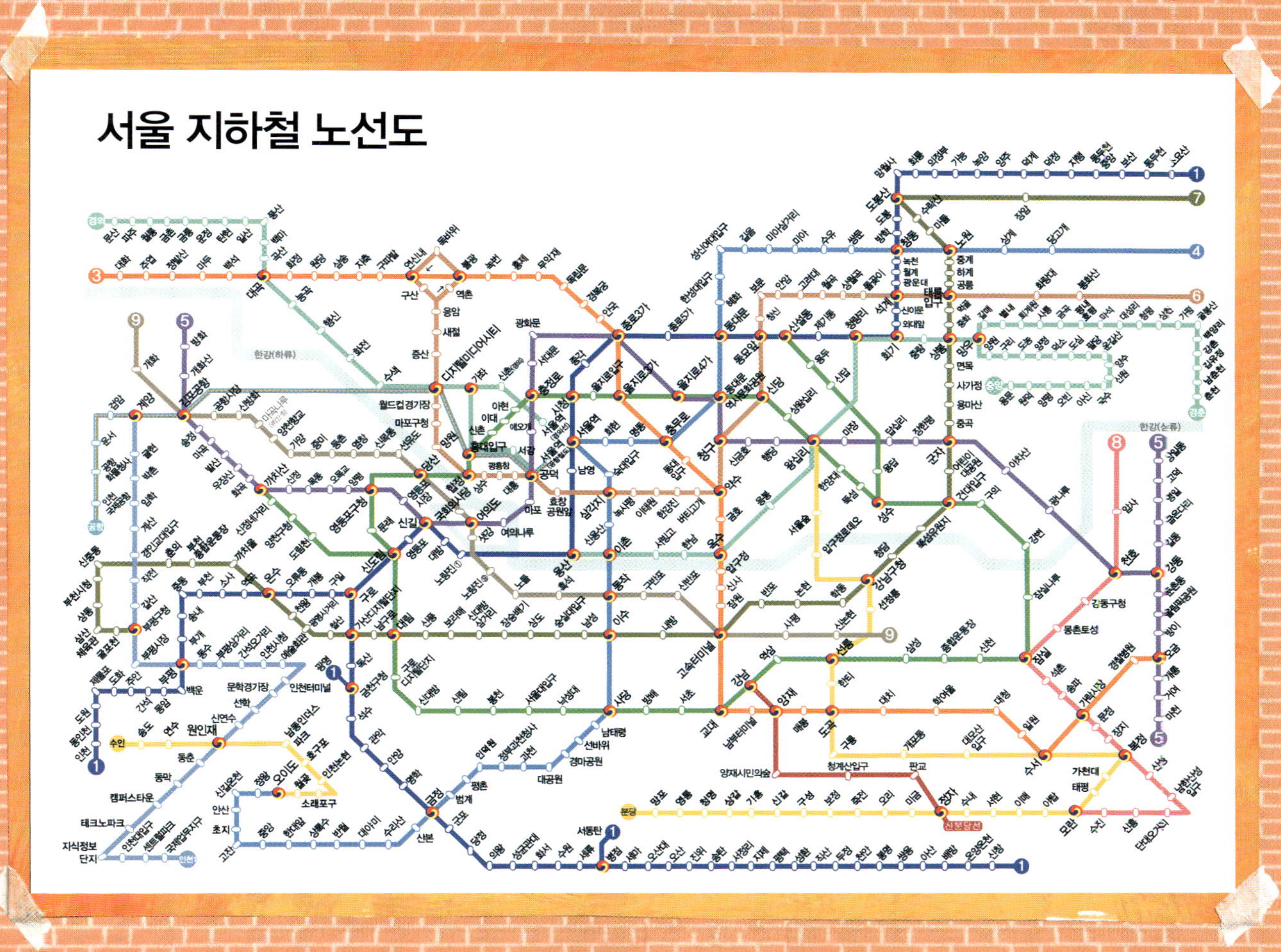

서울 지하철 노선도

진짜 길은 **구불구불**한데 지도에 나타난 길은 막대기 같고, 진짜 길은 도시를 달리는데 지도에는 도시의 모습을 알려 주는 것은 아무것도 없어요.

　1933년에 영국 사람 헤리 벡이 이런 지도를 맨 처음 발명했어요. 벡은 지하철 노선이 실타래처럼 엉켜 있어서 사실대로 그린 지도는 아무도 알아볼 수 없을 거라고 생각했어요. '진짜 모습은 상관없어. 알아보기 쉽게!' 이런 생각으로 지도 모양을 상상하고 디자인한 사람은 벡이 처음이었어요. 벡은 원래 전기 회로 설계 도면을 그리던 사람이었어요. 어쩐지 지도가 전기 회로를 닮았어요!

　벡은 런던을 통과하는 지하철 길을 선으로만 이어 놓고, 그 위에 역들을 알아보기 쉽게 뚝뚝 떼서 표시했어요.

처음에 런던 시민들은 벡의 지도를 보고 당황했어요. 사실과 다르고, 무언가 빠뜨린 것만 같고, 삭막하기까지 하다니!

하지만 곧 이 지도가 아주 쉽다는 걸 알아차렸어요. 심지어 지하철을 싫어하던 사람들까지도 지하철을 타러 갔지요. 벡의 지하철 노선도가 세계로 퍼졌어요.

서울의 지하철 노선도도 벡의 디자인을 따라 그려졌어요. 생쥐는 한 번도 지하철을 타 본 적이 없었지만, 그것이 땅 밑으로 다니는 기찻길을 그린 지도라는 것을 알게 되었어요. 생쥐는 지도를 들고 지하 세계를 탐방해 봐야겠다는 생각을 품게 되었어요.

옛날 지하철 지도 | 벡이 그린 런던의 지하철 지도

생쥐, 교통 지도와 함께 사라지다!

우리나라 교통 지도

맨 처음 생쥐를 꼬드긴 건 지하철 노선도였고, 생쥐가 그걸로 서울의 지하 세계를 샅샅이 탐방했다는 거예요.

며칠 뒤에 생쥐는 사라졌어요! 알아보기 힘든 책 한 권 분량의 글과 쓰레기장에서 주운 지도책을 남겨놓고 말이에요. 전혀 예상하지 못한 일은 아니었어요.

지도를 보고 상상에 빠지다 보면 지도를 보는 것만으로는 부족한 생각이 드는 법인데, 생쥐라고 그러지 말라는 법이 있을까요?

어느 날 생쥐의 지도책 한 장이 통째로 찢겨 나갔는데, 그건 우리나라의 교통 지도였어요. 교통 지도에는 우리나라 길들이 나와 있어요. 노란 줄, 파란 줄, 검은 줄이 도시와 도시를 이어 주고 있어요.

아주 옛날부터 사람들은 땅 위에 길을 만들었어요. 사람들은 길을 따라 여행하고, 장사를 다니고, 일터로 갔어요. 그리고 사람들은 종이 위에 길을 나타냈지요.

생쥐는 지도 위에서 기다란 길을 따라가 보았어요. 노란 길은 잘 닦아 놓은 넓은 찻길, 고속 도로예요. 철길 모양 검은 줄은 정말 기찻길을 닮았어요. 파란색 길은 KTX가 다니는 고속 철도예요.

생쥐는 길을 따라서 부산이든 인천이든 해남이든 울산이든, 끝없이 바다만 보이는 머나먼 곳까지 갈 수 있다는 것을 알게 되었어요.

생쥐는 교통 지도를 둘둘 말아 챙겼어요. 그리고 예전의 생쥐라면 꿈도 꾸지 못했을 일을 저질렀지요. 쥐구멍 집 문을 걸어 잠그고, 친구들에게 인사도 없이 총총 모험을 떠나 버린 거예요.

생쥐가 어디로 갔을까?

관광 지도

그러니까 이렇게 된 이야기랍니다.

어느 날 생쥐는 지도를 보다가 한 번도 바다를 보지 못했다는 것을 깨달았고, 자신의 인생이 얼마나 남았나 싶어 고개를 갸웃했어요. 생쥐는 경기도에 살고 있었어요. 생쥐는 지도를 펴 놓고, 서쪽도 아니고 동쪽도 아니고 경기도에서 가장 먼 남쪽, 그러니까 경기도에서 대각선으로 줄을 죽 그었어요.

줄 끝에는 부산이 있고, 바다가 있었어요!

생쥐는 기차를 타고 쌩쌩 달렸어요. 어찌나 흥분했는지 기차 안에 있는데도 수염이 쌩쌩 날리는 것 같았어요. 생쥐는 부산 해운대역에 내렸고, 낯선 냄새 때문에 코를 쿵쿵거렸어요. 미역 냄새, 생선 냄새, 소금 냄새, 이끼 냄새, 바람 냄새, 모래 냄새, 물 냄새가 뒤섞인 야릇한 냄새에 대해서 생쥐는 책에다 공들여 설명해 놓았답니다.

생쥐는 해운대역 광장에서 관광 지도 한 장을 주웠어요.

지도에는 생쥐가 있는 해운대역에서부터 바다에 이르는 길이 나와 있었어요. 생쥐는 지도를 보고 길을 따라 드디어 바닷가에 이르렀어요. 물론 바다에서 풍겨 오는 희한한 냄새의 도움도 받았지요.

생쥐는 그렇게 많은 물을 태어나서 처음 보았어요! 그렇게 많은 모래도 처음 보았어요! 모래로 뒤덮인 바닷가가 생쥐에게는 사하라 사막 같았어요. 그렇게 소원을 이루고서 생쥐는 어딘지 모를 곳을 헤매다가 밀양시란 곳에 이르렀고, 그곳에서 다시 기차를 얻어 타고 집으로 돌아오게 되었어요.

마지막 이야기

그 뒤로 생쥐는 어떻게 지냈을까요? 우리는 오래된 저택에서 간신히 희귀한 책 하나를 발견했을 뿐, 책 속에서도 책 밖에서도 생쥐의 인생에 대해서는 아무런 단서도 찾을 수 없었답니다.

하지만 생쥐는 책에 그림 몇 점을 남겨 놓았습니다. 지도책이 펼쳐진 생쥐의 집, 지도 위를 돌아다니는 생쥐, 지도 위에 앉아 텔레비전을 보는 생쥐······. 때로 생쥐는 지도 위에 앉아 먹을 것을 먹고 있었고, 때로는 돋보기를 들고 있었어요. 생쥐가 동그란 눈으로 우리를 쳐다보는 듯한 그림도 있었답니다. 마치 누군가가 이 책을 발견해 주기를, 자신의 책이 쓰레기통에 던져지거나 불쏘시개로 사라져 버리지 않고, 이왕이면 다른 누구도 아닌 어린이들 손에 전해지기를 바라는 것 같았지요.

우리는 생쥐의 책을 들여다보는 것이 즐거웠습니다. 그건 몹시도 색다른 경험이었어요. 생쥐를 따라 지도를 보게 되었고, 생쥐의 눈으로 아주 작은 기호 하나, 점 하나까지 시시콜콜 보았어요. 수없이 지도를 보면서도 예전에는 결코 보지 못했던 것들이었지요.

생쥐처럼 끈기 있게 들여다볼 수만 있다면, 누구든 지도 속에서 무궁무진한 이야기를 발견하게 될 것이 틀림없습니다. 낯선 곳, 낯선 사람들, 새로운 세상에 대한 알 수 없는 설렘과 모험심으로 엉덩이를 들썩들썩하게 될지도 모르는 일이에요.

 작지만 소중한 습관들도 생겨날지 모릅니다. 텔레비전을 보다가 사하라 사막이 나오면 지도를 찾고, 오랑우탄이 나오면 오랑우탄이 사는 보르네오 섬을 지도에서 찾는 거지요. 신드바드의 모험 이야기를 읽거나 그리스 신화에 나오는 전쟁 이야기를 읽을 때면 바그다드가 어디에 있는지, 트로이가 어디에 있는지도 알고 싶어질 것입니다.

 생쥐는 지도가 말을 걸고 있다는 걸 알게 되었지요. 종이와 글자, 색깔과 기호, 점과 구불구불한 선들이 종알종알거리는 걸 알아본 거예요. 생쥐도 끊임없이 지도에게 찍찍거렸지요. 뚫어져라 보고, 투덜대고, 놀라고, 으쓱대다가 지도로 들어가 사라져 버렸지요!

 이제 우리의 이야기는 끝이 났어요. 생쥐의 이야기가 조금이라도 솔깃하다면 여러분도 생쥐를 따라 구석구석 지도를 뒤져 보고 상상해 볼 수 있기를! 지도는 여러 가지 목적으로 만들어졌지만 어린이들에게 지도는 먼 곳을 상상하라고 있는 것이니까요.

 생쥐의 책은 지도에 관한 훌륭한 말로 끝났는데, 생쥐가 마지막으로 휘갈겨 놓은 말은 바로 이것이었어요.

지도 보는 법이라고?

그건 바로 지금 당장 책꽂이에서 지도책을 꺼내 오는 거야!

텔레비전을 보다가 책을 읽다가 **코를 후비다가,**

아무리 게으른 순간에도 찾아보지 않을 수 없도록,

손만 뻗치면 되는 곳에! 바로 코앞에!

지도책을 갖다 놓는 거야!

지금당장! 찍!

지도 요리조리 뜯어보기

펴낸날 2014년 8월 30일 초판 1쇄, 2022년 12월 30일 초판 11쇄
글 권수진 · 김성화 | **그림** 이수아 | **스튜디오** studio 501
펴낸이 신광수 | **CS본부장** 강윤구 | **출판개발실장** 위귀영 | **출판사업실장** 백주현 | **디자인실장** 손현지
아동콘텐츠개발팀 박재영, 류효정 | **출판디자인팀** 최진아, 김가민 | **저작권 업무** 김마이, 이아람
채널영업팀 이용복, 우광일, 김선영, 이채빈, 이강원, 강신구, 박세화, 김종민, 정재욱, 이태영, 전지현
출판영업팀 민현기, 최재용, 신지애, 정슬기, 허성배, 설유상, 정유
CS지원팀 강승훈, 봉대중, 이주연, 이형배, 이우성, 전효정, 장현우, 정보길
펴낸곳 (주)미래엔 | **등록** 1950년 11월 1일 제 16-67호 | **주소** 서울시 서초구 신반포로 321
전화 미래엔 고객센터 1800-8890 팩스 541-8249 | **홈페이지** www.mirae-n.com

ⓒ 2014, 권수진 · 김성화

ISBN 978-89-378-8663-8 74980

ISBN 978-89-378-8662-1 (세트)

이 책에 사용한 지도는 교육부에서 발행한 초등학교 사회과 부도의 지도를 사용하여 편집 제작한 것입니다.
이 책에 실린 지도는 축척을 학습하는 경우에만 축척을 정확하게 표기하였습니다.
그 외에는 지도 학습을 위한 그림 자료의 일부로서 따로 축척을 표기하지 않았습니다.

파본은 구입처에서 교환해 드리며, 관련 법령에 따라 환불해 드립니다. 단, 제품 훼손 시 환불이 불가능합니다.
이 책은 저작권법에 따라 한국 내에서 보호받는 저작물이므로 무단 전재와 무단 복제를 금합니다.
이 책의 전부 또는 일부를 이용하려면 반드시 저작권자와 (주)미래엔의 동의를 받아야 합니다.

생각 좀 하는 김토끼 씨의
초등 맞춤법 수업

 이 책에 나오는 단어의 뜻과 맞춤법은 국립 국어원 표준 국어 대사전을 참조했어요.

생각 쫌 하는 김토끼 씨의

초등 맞춤법 수업

글·그림 지수

북멘토

그 어느 때보다 문해력에 대한 사회적 관심이 매우 높습니다. 그리고 맞춤법도 문해력의 한 영역이지요.

초등학생을 가르치고, 글을 쓰는 저도 맞춤법이 헷갈릴 때가 있어요. 이것도 맞는 것 같고, 저것도 맞는 것 같은 낱말이 한두 가지가 아니에요. 초등 교사인 저도 이런데 아이들은 어떨까요? 그래서 초등학교 선생님들이 아이들이 특히 헷갈려 하거나 어려워하는 단어들을 한데 모았어요.

소셜 네트워크의 발달로 말보다 글로 소통하는 시간이 많아진 요즘 수많은 약자가 생겨난다고 해도 정확한 글의 표현은 더욱 중요한 시대가 되었지요. 심지어 맞춤법이 너무 틀려서 남친이 또는 여친이 싫어졌다는 이야기가 나올 정도이니까요.

초등학생들이 제일 헷갈려 하는 엄선된 단어를 인기 웹툰 작가 김토끼 씨의 재미난 이야기로 만나 보세요. 키득키득 웃으며, 맞춤법이 머리에 쏙쏙 이해될 거예요.

최고봉(강원 오안초등학교 교사)

 작가의 말

　마지막으로 글을 쓴 게 언제였나요? 오래된 것 같다고요? 에스앤에스에 올린 게시글, 인터넷 커뮤니티에 단 댓글, 그도 아니라면 친구와 나눈 카카오톡 메시지를 떠올려 보세요. 이 글을 읽고 있는 여러분은 어쩌면 5분 전까지도 글을 쓰고 있었는지도 몰라요.

　누구나 글을 쓰는 시대예요. 동네 어르신도 옆집 언니나 오빠, 형과 누나도 여러분도 하루에도 수십 번씩 길고 짧은 글을 쓰지요. 글은 매일매일의 일상에 너무나 중요한 도구가 됐어요. 그런 만큼 맞춤법을 제대로 알기 위해 노력해야 해요. 그래야 오해를 줄일 수 있고, 그때그때 알맞은 표현을 쓸 수 있거든요.

　헷갈리는 맞춤법은 하나하나 외우는 게 좋겠지만, 무엇보다도 자주 읽는 걸 추천해요. 올바른 단어와 맞춤법에 익숙해지면 어느새 올바르게 글을 쓰게 될 거거든요. 하고 싶은 말을 더 정확하게 전달하고, 더 깊고 넓게 표현할 수 있는 사람이 되어 보아요. 어렵지 않아요! 김토끼 씨와 함께 지금 시작해 보세요!

 차례

- 추천의 글 4
- 작가의 말 5

레슨 1 알쏭달쏭 너무 헷갈려요!

올바른 말 vs 올바른 말

꾀 vs 꽤 12 / 너머 vs 넘어 15 / 되 vs 돼 18 / 든 vs 던 21 / 떼 vs 때 24 / 로서 vs 로써 27 / 맞추다 vs 맞히다 30 / 매다 vs 메다 33 / 반드시 vs 반듯이 36 / 봉우리 vs 봉오리 39 / 붙이다 vs 부치다 42 / 안 vs 않 45 / 어떡해 vs 어떻게 48 / 쟁이 vs 장이 51 / 주위 vs 주의 54 / 한참 vs 한창 57

레슨 1 정답 60

레슨 2 잘못 쓰면 뜻이 확 달라져요

올바른 말 vs 올바른 말

가르치다 vs 가리키다 64 / 갔다 vs 갖다 67 / 깁다 vs 깊다 70 / 낫다 vs 낳다 73 / 느리다 vs 늘이다 76 / 다치다 vs 닫히다 79 / 닫다 vs 닿다 82 / 덮다 vs 덥다 85 / 뛰다 vs 띄다 88 / 막다 vs 맑다 91 / 무난하다 vs 문안하다 94 /

무치다 vs 묻히다 97 / 베다 vs 배다 100 / 빗다 vs 빛다 103 / 섞다 vs 썩다 106 / 세다 vs 새다 109 / 쏟다 vs 솟다 112 / 안다 vs 앉다 115 / 집다 vs 짚다 118

레슨 2 정답 121

레슨 3 아예 없는 말이라고요?

올바른 말 vs 잘못된 말

간질이다 vs 간지르다 126 / 거야 vs 꺼야 129 / 건드리다 vs 건들이다 132 / 곰곰이 vs 곰곰히 135 / 금세 vs 금새 138 / 깨끗이 vs 깨끗히 141 / 닦달하다 vs 닥달하다 144 / 떡볶이 vs 떡뽁이 vs 떡복기 147 / 며칠 vs 몇일 150 / 무릅쓰다 vs 무릎쓰다 153 / 바람 vs 바램 156 / 설거지 vs 설겆이 159 / 어이없다 vs 어의없다 162 / 역할 vs 역활 165 / 연예인 vs 연애인 168 / 오랜만 vs 오랫만 171 / 왠지 vs 웬지 174 / 째 vs 채 177 / 찌개 vs 찌게 180 / 하마터면 vs 하마트면 183

레슨 3 정답 186

 쥐

선생님
김토끼 씨네 반 담임 선생님.
맞춤법을 정확하게 알고 있고,
문제 내기를 좋아한다.

흰털이
힘이 아주 센 하얗고 덩치 큰 강아지 친구.
고미와 친하며, 유치원 연극에서 나무
역할을 했다고 한다.

복슬이
떡볶이를 좋아하고
남몰래 냥이를 좋아하는
강아지 친구.
다정하고 명랑해서
친구가 많다.

 새

레슨 1
알쏭달쏭 너무 헷갈려요!

올바른 말 vs 올바른 말

01 뙤 vs 뙈　/　02 너머 vs 넘어　/　03 되 vs 돼　/　04 든 vs 던　/　05 떼 vs 때

06 로서 vs 로써　/　07 맞추다 vs 맞히다　/　08 매다 vs 메다

09 반드시 vs 반듯이　/　10 봉우리 vs 봉오리　/　11 붙이다 vs 부치다

12 안 vs 않　/　13 어떡해 vs 어떻게　/　14 쟁이 vs 장이　/　15 주위 vs 주의

16 한참 vs 한창

모두 사전에 나오는 올바른 말인데,
쓸 때마다 헷갈리는 말을
의미에 맞게 정확하게 써 봐요.

꾀 vs 꽤

'꾀'는 '일을 잘 꾸미거나 해결해 내는 묘한 생각이나 수단'을 의미해요. '꽤'는 '보통보다 조금 더한 정도로, 혹은 제법 괜찮을 정도로'라는 뜻이에요. 게다가 '꾀'는 명사, '꽤'는 부사이기 때문에 문장에서 쓰임도 다를 수밖에 없답니다.

1. 도기는 오늘 시험을 **꾀** / **꽤** 잘 봤구나?

2. 우승의 비결은 성실한 연습이야. 자꾸 **꾀** / **꽤**를 부리면 안 돼!

* 도기와 냥이 중 누가 정답을 맞혔을까요?

너머 vs 넘어

'너머'는 '높이나 경계로 가로막은 사물의 저쪽'을 뜻해요. '넘어'는 '높은 부분의 위를 지나가다, 일정한 시간이나 범위를 벗어나다, 경계를 건너 지나다'를 의미하지요. 즉, '너머'는 사물의 건너편, '넘어'는 건너 지나가는 의미예요.

1 산 **너머** / **넘어**에는 예쁜 마을이 있어.

2 이 고비만 잘 **너머** / **넘어**. 그럼 좋은 날이 올 거야.

* 도기와 냥이 중 누가 정답을 맞혔을까요?

되 vs 돼

둘 중 어느 것을 쓸지 헷갈릴 때는 문장에 '되어'를 넣어 보세요. '돼'는 '되어'의 줄인 말이거든요. '되어'를 넣었을 때 말이 되면 '돼'를 쓰고, 그렇지 않으면 '되'를 써요. 하지만 문장의 끝에는 '그게 돼?, 안 돼!' 등과 같이 항상 '돼'를 써야 해요.

그럼 문제를 내 볼게요!

1 전시 작품을 손으로 만지면 안 되 / 안 돼.

2 나는 커서 우주 비행사가 되고 / 돼고 싶다.

* 도기와 냥이 중 누가 정답을 맞혔을까요?

든 vs 던

'든'은 '밥이든 떡이든'처럼 '-든 -든'의 형태로 쓰이고, 어느 것이나 상관없음을 의미해요. '던'은 지난 일을 말할 때 써요. 발음은 비슷하지만, 뜻은 완전 다르답니다.

그럼 문제를 내 볼게요!

1 너는 무엇이든 / 무엇이던 할 수 있어.

2 우리가 했든 / 했던 약속 절대 잊지 마!

* 도기와 냥이 중 누가 정답을 맞혔을까요?

과자 먹기 딱 좋은 날씨네.

우리 오늘…
선생님께 과자 파티하자고 조르자.

과자?

그래, 좋아! 대찬성!

떼 vs 때

'떼'는 목적이나 행동을 같이하는 무리 또는 자기의 요청을 들어 달라고 고집할 때 쓰는 말이에요. '때'는 어떤 시간을 가리킬 때도 사용하고, 옷이나 몸에 묻은 더러운 먼지라는 의미도 있어요.

1. 첫눈이 내릴 **떼** / **때** 만나기로 하자.

2. 악어 **떼** / **때**가 나타났다! 모두 도망가!

* 도기와 냥이 중 누가 정답을 맞혔을까요?

있잖아… 토끼야…
친구**로서** 해 주는 말인데, 너는 좀 다혈질인 것 같아.

뭐라고!?

봐. 또 흥분했잖아.

로서 vs 로써

'로서'는 지위, 신분이나 자격을 의미하는 말 뒤에 붙어요. 어떤 일의 수단이나 도구를 뜻하는 말에는 '로써'를 사용해요. '어떤 일의 기준이 되는 시간'을 뜻할 때도 '로써'를 써요. 예를 들어 '오늘로써 이 일을 끝내겠다.' 같은 경우처럼요.

그럼 문제를 내 볼게요!

1 반장으**로서** / 반장으**로써** 할 일을 했다.

2 말**로서** / 말**로써** 천 냥 빚을 갚을 수도 있다.

* 도기와 냥이 중 누가 정답을 맞혔을까요?

맞추다 vs 맞히다

'맞추다'는 일정한 대상끼리 비교해서 살피거나 서로 어긋남이 없이 조화를 이룬다는 뜻이에요. 그래서 '내 답을 정답과 맞추어 본다'라고 써요. 문제의 답이 맞았을 때나 물건을 쏘거나 던져 다른 물체에 닿게 했을 때는 '맞히다'라고 써요.

1 화살을 과녁에 **맞출** / **맞힐** 수 있겠어?

2 나는 시간에 **맞춰** / **맞혀** 학교에 갔다.

* 도기와 냥이 중 누가 정답을 맞혔을까요?

배낭 **멨나요**? 모두 준비됐지요?

네!

그럼 출발!

네!!!

네!

역시 소풍이 제일 좋아.

얘들아…
혹시 내 물병 못 봤어?

매다 vs 메다

'매다'는 끈이나 줄을 풀어지지 않게 묶는 것을 말해요. '메다'는 옷이나 가방을 어깨에 걸치거나 올려놓는 것을 의미해요. 신발 끈은 매고, 가방은 메는 거죠!

그럼 문제를 내 볼게요!

1 아빠가 넥타이를 **매고** / **메고** 출근했어요!

2 자기 가방을 잘 찾아서 **맸나요** / **멨나요**?

* 도기와 냥이 중 누가 정답을 맞혔을까요?

깡충깡충 차곡차곡
맞춤법 수업

반드시 vs 반듯이

'반드시'는 '틀림없이, 꼭'이라는 뜻이에요. '반듯이'는 '생각이나 행동이 반듯하게, 똑바르게'라는 의미이지요.

그럼 문제를 내 볼게요!

① 나는 **반드시** / **반듯이** 시험을 잘 볼 거야!

② **반드시** / **반듯이** 앉지 않으면 허리가 아플지도 몰라.

* 도기와 냥이 중 누가 정답을 맞혔을까요?

봉우리 vs 봉오리

봉우리는 '산에서 뾰족하게 높이 솟은 부분'을 의미하고, 봉오리는 '망울만 맺히고 아직 피지 않은 꽃'을 뜻해요. 즉, 봉우리는 산봉우리, 봉오리는 꽃봉오리로 기억하면 된답니다.

1 산에 세 개의 **봉우리** / **봉오리**가 있다.

2 꽃에 예쁜 **봉우리** / **봉오리**가 생겼어!

* 도기와 냥이 중 누가 정답을 맞혔을까요?

붙이다 vs 부치다

'붙이다'는 '두 물체를 고정해서 떨어지지 않게 한다'는 뜻이에요. '부치다'는 '편지나 물건을 다른 사람에게로 보낸다'는 의미고요. 여전히 헷갈리나요? 그럼 이 문장만 기억하세요. 우표는 붙이고 편지는 부친다!

1 편지 **붙이러** / **부치러** 같이 갈래?

2 일기장에 예쁜 스티커를 **붙이자** / **부치자**!

* 도기와 냥이 중 누가 정답을 맞혔을까요?

안 vs 않

발음도 뜻도 비슷해서 정말 헷갈리는 '안'과 '않'을 쉽게 구분하는 방법이 있어요. '아니'와 '아니하'를 넣어 보고 말이 되는 것을 쓰면 되어요. '안'은 '아니'를 대신 쓸 수 있는 말이고, '않'은 '아니하다'의 줄임말이거든요.

그럼 문제를 내 볼게요!

1️⃣ 내 소원은 너희가 **안** / **않** 싸우는 거야.

2️⃣ 학교생활은 생각보다 만만치 **안**아 / **않**아.

* 도기와 냥이 중 누가 정답을 맞혔을까요?

어떡해 vs 어떻게

'어떡해'는 '어떻게 해'의 줄인 말로 문장 끝에 주로 쓰여요. '어떻게'는 '어떤 이유로, 또는 무슨 까닭으로'라는 뜻이고요. 둘을 혼동하여 '어떻해'라고 쓰면 안 돼요. '어떻해'라는 말은 아예 없거든요.

1️⃣ 이 문제를 **어떡해** / **어떻게** 풀지 알려 줘.

2️⃣ 도서관에서 그렇게 크게 말하면 **어떡해** / **어떻게**.

* 도기와 냥이 중 누가 정답을 맞혔을까요?

쟁이 vs 장이

'쟁이'는 '어떤 특성을 많이 가진 사람'을 의미해요. 심술쟁이, 멋쟁이 등을 예로 들 수 있어요. '장이'는 '어떤 기술을 가진 사람'을 뜻해요. 대장장이, 양복장이처럼 말이죠. 그리고 '쟁이'와 '장이' 모두 홀로 쓰지 못해요.

그럼 문제를 내 볼게요!

1 나는 겁**쟁이**가 / 겁**장이**가 아니야.

2 우리 집안은 대대로 대장**쟁이**야. / 대장**장이**야.

* 도기와 냥이 중 누가 정답을 맞혔을까요?

주위 vs 주의

'주위'는 '어떤 사물이나 사람을 둘러싸고 있는 것'을 의미해요. 근처, 가장자리 등과 비슷한 뜻이지요. '주의'는 '어떤 한 곳이나 일에 관심을 집중하는 것'을 뜻해요. 관심이나 눈길 등과 비슷한 의미예요.

그럼 문제를 내 볼게요!

1. **주위** / **주의** 사람들 중에 네가 제일 멋져.

2. 자전거를 탈 때는 다치지 않도록 **주위** / **주의**해야 해.

* 도기와 냥이 중 누가 정답을 맞혔을까요?

"껑충껑충 차곡차곡 맞춤법 수업"

한참 vs 한창

'한참'은 '상당한 시간 동안'이라는 뜻이에요. 반면 '한창'은 '어떤 일이 가장 활기 있게 일어나는 모양'을 의미해요.

"그럼 문제를 내 볼게요!"

1. 우리는 아름다운 노을을 **한참** / **한창** 봤어.

2. 요즘은 벚꽃이 **한참** / **한창**이야.

* 도기와 냥이 중 누가 정답을 맞혔을까요?

 레슨 1 정답

14쪽 ① 꾀 / **쨰** ② **꾀** / 쨰

17쪽 ① **너머** / 넘어 ② 너머 / **넘어**

20쪽 ① 되 / **돼** ② **되** / 돼

23쪽 ① **든** / 던 ② 든 / **던**

26쪽 ① 떼 / **때** ② **떼** / 때

29쪽 ① **로서** / 로써 ② 로서 / **로써**

32쪽 ① 맞출 / **맞힐** ② **맞춰** / 맞혀

35쪽 ① **매고** / 메고 ② 맸나요 / **멨나요**

38쪽 ① **반드시** / 반듯이 ② 반드시 / **반듯이**

41쪽 ① **봉우리** / 봉오리 ② 봉우리 / **봉오리**

44쪽

47쪽

50쪽

53쪽

56쪽

59쪽

레슨 2

잘못 쓰면 뜻이 확 달라져요

올바른 말 vs 올바른 말

01 가르치다 vs 가리키다   02 갔다 vs 갖다   03 깁다 vs 깊다
04 낫다 vs 낳다   05 느리다 vs 늘이다   06 다치다 vs 닫히다
07 닫다 vs 닿다   08 덮다 vs 덥다   09 뛰다 vs 띄다   10 맊다 vs 맑다
11 무난하다 vs 문안하다   12 무치다 vs 묻히다   13 베다 vs 배다
14 빗다 vs 빛다   15 섞다 vs 썩다   16 세다 vs 새다   17 쏟다 vs 솟다
18 안다 vs 앉다   19 집다 vs 짚다

발음도 생김새도 비슷해서
실수로 잘못 쓰기 쉬운 말들이에요.
하지만 뜻이 완전히 다르기 때문에
특히 신경 써서 표기해야 해요.

가르치다 vs 가리키다

모르는 것을 알려 주는 것을 '가르치다'라고 해요. 선생님이 학생들에게 공부를 가르쳐 주는 것처럼요. '가리키다'는 '손가락으로 어떤 방향이나 대상을 알리는 것'을 뜻해요.

1. 화살표가 **가르친** / **가리킨** 곳으로 갔다.

2. 모르는 문제를 짝꿍이 **가르쳐** / **가리켜** 줘서 정말 고마웠어!

* 도기와 냥이 중 누가 정답을 맞혔을까요?

갔다 vs 갖다

'갔다'는 '자리를 옮겨 움직인다'는 뜻으로, '가다'의 과거형 표현이에요. '갖다'는 '가지다'의 준말로, '무언가를 손이나 몸에 지녀 자기 것으로 하는 것'을 말해요.

1. 우리 어제 소풍 **갔다** / **갖다** 왔다!

2. 우리 오늘은 장난감 **갔고** / **갖고** 놀자!

* 도기와 냥이 중 누가 정답을 맞혔을까요?

깁다 vs 깊다

'깁다'는 '옷이나 신발 등에 떨어지거나 해어진 곳에 다른 조각을 대거나 꿰맨다'는 뜻이에요. '깊다'는 '겉에서 속까지의 거리가 멀다'는 뜻이에요. 생각의 수준이 높을 때도 '깊다'를 사용해요.

1. 내 친구는 생각이 정말 깁다 / 깊다.

2. 구멍 난 바지를 깁다 / 깊다.

* 도기와 냥이 중 누가 정답을 맞혔을까요?

낫다 vs 낳다

'낫다'는 '보다 더 좋거나 앞서 있다'는 의미예요. '낳다'는 '배 속의 아이나 새끼, 알을 몸 밖으로 내놓는' 걸 말해요. 뜻이 완전 다르지요?

그럼 문제를 내 볼게요!

① 새가 알을 **낫다** / **낳다**.

② 오늘 저녁은 아무래도 양식보다 한식이 **낫겠지** / **낳겠지**?

* 도기와 냥이 중 누가 정답을 맞혔을까요?

느리다 vs 늘이다

'느리다'는 '어떤 동작을 할 때 걸리는 시간이 길다'는 뜻이에요. '늘이다'는 '길이, 선 등을 길어지게 한다'는 뜻이지요.

그럼 문제를 내 볼게요!

1 엿가락을 손으로 쭉 느렸다 / 늘였다.

2 나는 달리기가 느리다 / 늘이다.

* 도기와 냥이 중 누가 정답을 맞혔을까요?

다치다 vs 닫히다

'다치다'는 '부딪히거나 맞거나 해서 몸에 상처가 생기는 걸' 말해요. '닫히다'는 '열린 문짝, 뚜껑, 서랍 따위가 도로 막히다'라는 뜻이랍니다.

1. 성문이 굳게 **다쳤다** / **닫혔다**.

2. 뛰어다니면 **다칠** / **닫힐** 수 있으니 모두 조심하렴!

* 도기와 냥이 중 누가 정답을 맞혔을까요?

닫다 vs 닿다

'닫다'는 '열린 문짝, 뚜껑, 서랍 따위를 도로 제자리로 가게 하여 막는다'는 뜻이에요. '닿다'는 '어떤 물체가 다른 물체에 붙는 걸' 의미하고, '어떤 곳에 이르다'라는 뜻도 되어요.

그럼 문제를 내 볼게요!

1 동생이 방문을 꽝 **닫았다** / **닿았다**.

2 전학 간 친구 소식이 **닫으면** / **닿으면** 말해 줘.

* 도기와 냥이 중 누가 정답을 맞혔을까요?

덮다 vs 덥다

'덮다'는 '물건이 보이지 않도록 천을 얹어서 씌우다'라는 뜻이에요. '펼쳐져 있는 책을 닫다'라는 의미로도 쓰여요. '덥다'는 '기온이 높거나, 몸에서 땀이 날 것처럼 체온이 높다'는 뜻이에요.

1 오늘이 올여름 들어 가장 덮다 / 덥다.

2 동생이 이불을 머리까지 덮고 / 덥고 엉엉 울었다.

* 도기와 냥이 중 누가 정답을 맞혔을까요?

뛰다 vs 띄다

'뛰다'는 '발을 몹시 빠르게 움직여 나아가다'라는 의미예요. '띄다'는 '뜨이다'의 줄인 말로, '감았던 눈이 벌려지다 또는 눈에 보이다'라는 뜻이에요.

1. 아이들이 **뛰어** / **띄어**나갔다.

2. 나는 키가 커서 어디서나 눈에 **뛴다** / **띈다**.

* 도기와 냥이 중 누가 정답을 맞혔을까요?

막다 vs 맑다

'막다'는 '길이 통하지 못하게 하다'라는 뜻이에요. '맑다'는 '탁한 것이 섞이지 아니하다'라는 뜻으로, '깨끗하다, 또렷하다'와 비슷한 말이에요.

그럼 문제를 내 볼게요!

1 누가 길을 **막는** / **맑는** 거야?

2 계곡 물이 정말 **막다** / **맑다**.

* 도기와 냥이 중 누가 정답을 맞혔을까요?

무난하다 vs 문안하다

'무난하다'는 '별로 어려움이 없거나 이렇다 할 흠잡을 만한 것이 없다'라는 뜻이에요. '문안하다'는 '웃어른께 안부를 여쭈다'라는 의미로 쓰여요.

1 아침에 부모님께 **무난하니** / **문안하니**?

2 이 옷은 **무난해서** / **문안해서** 모두에게 잘 어울려.

* 도기와 냥이 중 누가 정답을 맞혔을까요?

무치다 vs 묻히다

'무치다'는 '나물에 양념을 넣고 골고루 한데 뒤섞다'라는 뜻이에요. '묻히다'는 '물건이 흙이나 다른 물건 속에 넣어져 보이지 않게 되거나, 일이 드러나지 않게 숨겨지다'라는 뜻으로 쓰여요.

① 내 목소리가 주변 소음에 무쳤어 / 묻혔어!

② 엄마가 시금치를 맛있게 무쳤다 / 묻혔다.

* 도기와 냥이 중 누가 정답을 맞혔을까요?

베다 vs 배다

'베다'는 '날이 있는 연장으로 무엇을 끊거나 자르는 걸' 의미해요. '배다'는 '스며들다, 버릇이 되어 익숙해지다, 냄새가 스며들어 오래도록 남다'라는 뜻을 가진 말이에요.

1 어떡해! 땀 냄새가 옷에 **베었어** / **배었어**.

2 낫으로 벼를 **베는** / **배는** 방법을 알려 줄게.

* 도기와 냥이 중 누가 정답을 맞혔을까요?

빗다 vs 빚다

'빗다'는 '머리를 빗으로 가지런히 고르다'라는 뜻이에요. '빚다'는 '흙이나 가루 같은 재료로 어떤 형태를 만들다'라는 의미의 말이고요.

1 머리를 단정하게 **빗었다** / **빚었다**.

2 다 같이 둘러앉아서 만두를 **빗었다** / **빚었다**.

* 도기와 냥이 중 누가 정답을 맞혔을까요?

섞다 vs 썩다

'섞다'는 '두 가지 이상의 것을 한데 합치다'라는 뜻이에요. '썩다'는 '음식 같은 것이 세균에 의해 분해되어 나쁜 냄새가 나고 모양이 뭉개지는 상태'를 의미해요.

그럼 문제를 내 볼게요!

1. 물과 기름은 서로 **섞이지** / **썩이지** 않는다.

2. 여름이라 음식을 냉장고에 넣지 않으면 **섞을** / **썩을** 지도 몰라.

* 도기와 냥이 중 누가 정답을 맞혔을까요?

세다 vs 새다

'세다'는 '힘이나 행동하거나 밀고 나가는 기세가 강한 걸' 의미해요. '새다'는 '기체나 액체가 틈이나 구멍으로 조금씩 빠져나온다'라는 뜻이에요.

그럼 문제를 내 볼게요!

1 나는 고집이 **센** / **샌** 편이야.

2 천장에서 물이 떨어지네. 비가 **세나** / **새나** 봐!

* 도기와 냥이 중 누가 정답을 맞혔을까요?

쏟다 vs 솟다

'쏟다'는 '용기에 있는 물건을 밖으로 나오게 하거나, 어떤 일에 마음을 기울이는 것'을 말해요. '솟다'는 '어떤 물체가 아래서 위로, 또는 속에서 겉으로 세차게 움직이다'라는 의미예요.

그럼 문제를 내 볼게요!

1 우뚝 **쏟은** / **솟은** 나무가 정말 멋지다.

2 오다가 물을 **쏟았어** / **솟았어**.

* 도기와 냥이 중 누가 정답을 맞혔을까요?

안다 vs 앉다

'안다'는 '두 팔을 벌려 품 안에 있게 하다'라는 뜻이에요. '앉다'는 '윗몸을 바로 한 상태에서 엉덩이에 몸무게를 실어 의자나 땅바닥에 몸을 올려놓는 걸' 말해요. '의자에는 앉고, 아기는 안아 준다'를 기억하세요.

1 엄마가 아기를 꼭 **안았다** / **앉았다**.

2 잠깐 **안아** / **앉아** 있으니 다시 힘이 생겼다.

* 도기와 냥이 중 누가 정답을 맞혔을까요?

흰털아! 목발 **짚었네**?

대체 무슨 일이야?

계단을 올라가는데 동전이 떨어져 있는 거야.

그거 **집다가** 발을 헛디뎠는데, 뼈에 금이 갔어.

집다 vs 짚다

'집다'는 '손이나 발로 물건을 잡아서 들다'라는 의미예요. '짚다'는 '바닥이나 벽, 지팡이 등에 몸을 의지하거나, 손으로 이마나 머리를 가볍게 누르다, 여럿 중에 하나를 꼭 집어 가리키다'라는 뜻으로 쓰여요.

그럼 문제를 내 볼게요!

1 이마를 **집어** / **짚어** 보니 열이 났다.

2 나는 마음에 드는 공책을 **집어** / **짚어** 들었다.

* 도기와 냥이 중 누가 정답을 맞혔을까요?

레슨 2 정답

66쪽 ① 가르친 / **가리킨** ② **가르쳐** / 가리켜

69쪽 ① **갔다** / 갖다 ② 갔고 / **갖고**

72쪽 ① 깁다 / **깊다** ② **깁다** / 깊다

75쪽 ① 낫다 / **낳다** ② **낫겠지** / 낳겠지

78쪽 ① 느렸다 / **늘였다** ② **느리다** / 늘이다

81쪽 ① 다쳤다 / **닫혔다** ② **다칠** / 닫힐

84쪽 ① **닫았다** / 닿았다 ② 닫으면 / **닿으면**

87쪽 ① 덮다 / **덥다** ② **덮고** / 덥고

90쪽 ① **뛰어** / 띄어 ② 뛴다 / **띈다**

93쪽 ① **막는** / 맑는 ② 막다 / **맑다**

맞춤법이 맞는지 틀린지 혼자 힘으로 알아볼 수 있는 온라인 사이트를 알려 줄게요!

- ✓ 국립 국어원 표준 국어 대사전(https://stdict.korean.go.kr)
- ✓ 한국어 맞춤법/문법 검사기(http://speller.cs.pusan.ac.kr)
- ✓ 국립국어원(www.korean.go.kr)

> 레슨 3

아예 없는 말이라고요?

올바른 말 vs 잘못된 말

01 간질이다 vs 간지르다   02 꺼야 vs 꺼야   03 건드리다 vs 건들이다
04 곰곰이 vs 곰곰히   05 금세 vs 금새   06 깨끗이 vs 깨끗히
07 닦달하다 vs 닥달하다   08 떡볶이 vs 떡뽁이 vs 떡복기
09 며칠 vs 몇일   10 무릅쓰다 vs 무릎쓰다   11 바람 vs 바램
12 설거지 vs 설겆이   13 어이없다 vs 어의없다   14 역할 vs 역활
15 연예인 vs 연애인   16 오랜만 vs 오랫만   17 왠지 vs 웬지
18 째 vs 채   19 찌개 vs 찌게   20 하마터면 vs 하마트면

발음이 너무 비슷해서 잘못 쓰기 쉬운 말들이에요. 그런데 이렇게 잘못 쓰면, 아예 없는 말을 쓰는 게 되어요. 그러니까 더욱더 바르게 쓰도록 노력해야 한답니다.

간질이다 vs 간지르다

'간질이다'는 '간지럽게 한다, 간지럽히다'라는 뜻이에요. '간질이다'를 '간지르다'로 쓰는 경우가 많은데, '간지르다'는 아예 없는 말이에요. 그래서 간지르는, 간질러 등도 틀린 표현이에요. 간질이는, 간질여 등으로 써야 해요.

1. 코를 **간질이다** / **간지르다**.

2. 아빠가 나를 **간지르며** / **간질이며** 장난쳤다.

* 도기와 냥이 중 누가 정답을 맞혔을까요?

거야 vs 꺼야

'학교 갈 거야'를 소리 내서 발음하면 '학교 갈 꺼야'가 되어요. 그래서 '거야'를 '꺼야'로 잘못 표기하는 경우가 많아요. 발음이 '꺼야'로 나더라도 '거야'로 표기하는 게 맞답니다.

그럼 문제를 내 볼게요!

1 같이 놀면 재미있을 **꺼야** / **거야**.

2 자꾸 시끄럽게 굴 **거야** / **꺼야**?

* 도기와 냥이 중 누가 정답을 맞혔을까요?

건드리다 vs 건들이다

'건드리다'는 '조금 움직일 만큼 손으로 무엇인가를 만지다'라는 뜻이에요. '건들이다'는 틀린 표현이랍니다.

1 나 **건들이지** / **건드리지** 마!

2 남의 물건을 허락 없이 **건드리면** / **건들이면** 안 돼.

* 도기와 냥이 중 누가 정답을 맞혔을까요?

곰곰이 vs 곰곰히

'곰곰'은 '깊이 생각하는 모양'을 말해요. 그러면 '곰곰이'와 '곰곰히' 중 어떤 게 맞을까요? 또, '조용이'와 '조용히' 중 어떤 게 맞을까요? '-하다'를 붙여 보면 돼요. '곰곰하다'라는 말은 없으니까 '곰곰이'가, '조용하다'라고 쓸 수 있으니까 '조용히'가 맞아요.

1 내가 어제 **곰곰이** / **곰곰히** 생각했어.

2 지금부터는 혼자 **조용이** / **조용히** 공부하렴.

* 도기와 냥이 중 누가 정답을 맞혔을까요?

금세 vs 금새

'금세'는 '지금 바로'라는 뜻으로 쓰이는 부사예요. '금시에'를 줄인 말이지요. '사이'의 줄임말인 '새'가 있어서 '금새'로 혼동할 수 있는데, '금시에'를 기억하세요!

1 소나기는 **금세** / **금새** 그칠 거야.

2 소문은 **금새** / **금세** 잦아들곤 해.

* 도기와 냥이 중 누가 정답을 맞혔을까요?

깨끗이 vs 깨끗히

'이'를 붙일지 '히'를 붙일지 고민될 때는 '-하다'를 붙여 보라고 했었죠. '깨끗하다'는 말이 되어요. 그러나 여기서 주의할 게 있어요. '깨끗하다'처럼 '-하다' 앞에 ㅅ 받침이 있을 때는 '이'를 붙여야 해요. 그래서 '깨끗이'가 맞는 표현이에요.

그럼 문제를 내 볼게요!

1. 집에 와서 손을 **깨끗히** / **깨끗이** 씻었다.

2. 실수한 것을 **깨끗이** / **깨끗히** 잊기로 했다.

* 도기와 냥이 중 누가 정답을 맞혔을까요?

선생님, 빨리 와서 숙제 검사해 주세요.

아, 선생님~

빨리요.

좀 기다리렴.

닦달하다 vs 닥달하다

'닦달하다'는 '남을 단단히 윽박질러서 혼을 내다'라는 뜻이에요. '닥달하다'와 발음 때문에 헷갈릴 수 있지만, '닦달하다'가 맞는 표현이죠. 꼭 외워 두세요!

그럼 문제를 내 볼게요!

1 **닦달해도** / **닥달해도** 빨리 되지 않아.

2 엄마가 용돈을 다 어디에 썼는지 나를 **닥달했다** / **닦달했다**.

* 도기와 냥이 중 누가 정답을 맞혔을까요?

떡볶이 vs 떡뽁이 vs 떡복기

누구나 좋아하는 학교 앞 분식점에서 사 먹는 매콤달콤한 음식, 어떻게 써야 할까요? 정답은 바로 '떡볶이'랍니다. 떡뽁이, 떡복기는 틀린 표현이에요.

그럼 문제를 내 볼게요!

1 **떡볶이** / **떡뽁이** / **떡복기** 먹으러 가자.

2 나는 **떡뽁이** / **떡복기** / **떡볶이**가 세상에서 제일 좋아.

* 도기와 냥이, 복슬이 중 누가 정답을 맞혔을까요?

며칠 vs 몇일

'며칠'은 '몇째 되는 날', '몇 날'이라는 뜻이에요. '몇일'은 '며칠'을 잘못 쓴 표현이에요. '몇+일'이라고 생각해서 '몇일'로 혼동하는데, '며칠'이 올바른 표현이랍니다.

1. 오늘이 **몇일** / **며칠**이지?

2. 비가 **며칠** / **몇일** 동안 계속 내렸다.

* 도기와 냥이 중 누가 정답을 맞혔을까요?

무릅쓰다 vs 무릎쓰다

'무릅쓰다'는 '힘들고 어려운 일을 참고 견디다'라는 뜻이에요. 다리에 있는 '무릎'과는 아무 상관이 없답니다. 그러니까 '무릎쓰다'는 잘못 쓴 표현이에요.

1. 그는 부끄러움을 **무릎썼다** / **무릅썼다**.

2. 그는 위험을 **무릅쓰고** / **무릎쓰고** 길을 나섰다.

* 도기와 냥이 중 누가 정답을 맞혔을까요?

나 너무 부끄러워서 말로는 도저히 고백 못 하겠어.

그럼 편지를 쓰는 건 어떨까?

좋은 생각이다!

바람 vs 바램

'바람'은 '생각대로 어떤 일이 이루어지기를 원한다'라는 뜻의 '바라다'에서 나온 명사예요. 그런데 '바램'으로 잘못 쓰는 경우가 많아요. 그러니까 '바람'을 '바램'으로 쓰지 않도록 주의해야 해요.

1 한 가지 **바람** / **바램**이 있어.

2 빨리 낫기를 **바래** / **바라**.

* 도기와 냥이 중 누가 정답을 맞혔을까요?

껑충껑충 차곡차곡 맞춤법 수업

설거지 vs 설겆이

'먹고 난 뒤의 그릇을 씻어 정리하는 일'을 '설거지'라고 해요.
'설겆이'가 아니라 '설거지'가 맞는 표현이에요.

그럼 문제를 내 볼게요!

1. 나는 우리 집 **설거지** / **설겆이** 담당이다.

2. 손님을 많이 초대했더니 **설겆이** / **설거지**가 산더미야.

* 도기와 냥이 중 누가 정답을 맞혔을까요?

13 어이없다 VS 어의없다

복슬아, 무슨 일 있어?

흐잉...

나 좀 내버려 둬! 진짜 짜증 나!

...?

어이없다 vs 어의없다

'일이 너무 뜻밖이어서 기가 막히는 듯하다'라는 의미의 단어는 '어이없다'예요. '어의없다'라는 말은 없어요.

그럼 문제를 내 볼게요!

1. 생각할수록 **어이없다** / **어의없다**.

2. 방심해서 **어의없게** / **어이없게** 지고 말았어.

* 도기와 냥이 중 누가 정답을 맞혔을까요?

역할 vs 역활

'역할'은 '자기가 마땅히 해야 할 맡은 바 임무'를 이르는 말이에요. '역활'은 '역할'을 잘못 쓴 표현이에요.

그럼 문제를 내 볼게요!

1 연극에서 아빠 **역할** / **역활**을 맡았다.

2 우리는 각자 **역활** / **역할**을 나누어 조별 과제를 완성했다.

* 도기와 냥이 중 누가 정답을 맞혔을까요?

연예인 vs 연애인

음악, 무용, 연기 등을 보여 주는 공연 또는 그런 재주를 '연예'라고 해요. '연예인'은 그러한 일을 하는 사람, 즉 배우, 가수 등을 통틀어 일컫는 말이지요. '서로 좋아해서 사귄다'라는 뜻인 '연애'란 말은 있지만, '연애인'이라는 말은 없어요.

1 나는 커서 **연예인** / **연애인** 되고 싶어!

2 너랑 나랑 서로 좋아하니까, 우리 **연예** / **연애**할래?

* 도기와 냥이 중 누가 정답을 맞혔을까요?

오랜만 vs 오랫만

'오랜만'은 '오래간만'의 준말로, '어떤 일이 일어난 때로부터 긴 시간이 지난 뒤'를 의미해요. '오랫동안'이라는 표현이 많이 쓰이다 보니 혼동이 될 수 있지만, '오랫만'이라는 말은 없어요.

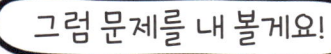

1 **오랜만** / **오랫만**에 만나니까 정말 반갑다!

2 **오랜동안** / **오랫동안** 사귀었던 정든 내 친구야.

* 도기와 냥이 중 누가 정답을 맞혔을까요?

왠지 vs 웬지

'왠지'는 '왜인지 모르게', 또는 '뚜렷한 이유 없이'라는 뜻이에요. '웬'은 '어찌 된'이라는 뜻으로 웬일, 웬걸 등으로 다양하게 쓰여요. 하지만, '웬지'라는 말은 없어요. '왠지'가 맞는 말이라는 것, 꼭 기억하세요.

> 그럼 문제를 내 볼게요!

1 이렇게 일찍 일어나다니 **왠일** / **웬일**이야?

2 오늘은 **왠지** / **웬지** 모르게 마음이 들떠요!

* 도기와 냥이 중 누가 정답을 맞혔을까요?

오늘 아침에 엄마가 귤 챙겨 줬다.

짠!

맛있겠다.

나도 한 입만.

그래, 같이 먹자!

째 vs 채

단어 뒤에 '째'를 붙이면 '그대로', '전부'라는 뜻이 더해져요. '째' 대신 '채'를 쓰면 틀린 표현이에요. 예를 들어, 껍질째, 통째, 송두리째 같이 적지요. 하지만 한 채, 두 채처럼 집을 셀 때는 '채'를 세요.

1 아침에 사과를 껍질**째** / 껍질**채** 먹었어.

2 태풍에 나무가 뿌리**채** / 뿌리**째** 뽑혔다.

* 도기와 냥이 중 누가 정답을 맞혔을까요?

찌개 vs 찌게

김치찌개, 된장찌개, 순두부찌개 등과 같이 찌개는 우리가 자주 먹는 음식이에요. 그런데 '찌개'를 '찌게'로 잘못 쓰는 경우가 많아요. 심지어 음식점 메뉴판에서도요. '찌개'가 맞는 말이라는 거, 꼭 기억하세요!

1. 엄마가 해 주는 **찌개** / **찌게**가 먹고 싶다.

2. 오늘은 순두부**찌게** / 순두부**찌개**가 먹고 싶네.

* 도기와 냥이 중 누가 정답을 맞혔을까요?

하마터면 vs 하마트면

'하마터면'은 '조금만 잘못하였더라면'을 뜻하는 말이에요. 발음이 비슷해서 '하마트면'이라고 잘못 쓰는 경우가 많은데, 그런 말은 없답니다.

그럼 문제를 내 볼게요!

1. **하마트면** / **하마터면** 큰일 날 뻔했어.

2. **하마터면** / **하마트면** 오늘 지각할 뻔했어.

* 도기와 냥이 중 누가 정답을 맞혔을까요?

레슨 3 정답

128쪽 ① 간질이다 ② 간지럽히면 (간질이면)

131쪽 ① 거야 ② 거야

134쪽 ① 건드리지 ② 건드리면

137쪽 ① 곰곰이 ② 조용히

140쪽 ① 금세 ② 금세

143쪽 ① 깨끗이 ② 깨끗이

146쪽 ① 닦달해도 ② 닦달했다

149쪽 ① 떡볶이 ② 떡볶이

152쪽 ① 며칠 ② 며칠

155쪽 ① 무릎썼다 ② 무릎쓰고

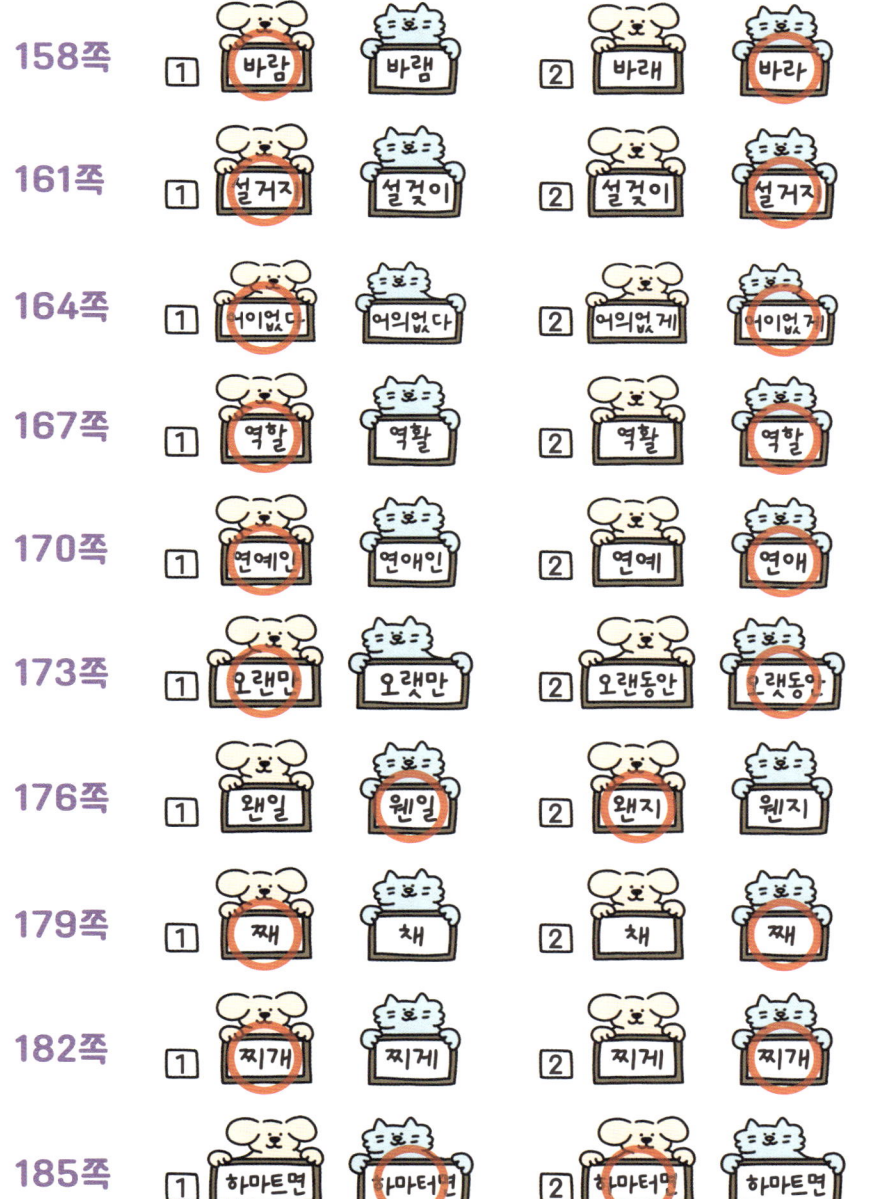

생각 쫌 하는 김토끼 씨의
초등 맞춤법 수업

1판 1쇄 발행일 2022년 11월 15일
글·그림 지수 펴낸곳 (주)도서출판 북멘토 펴낸이 김태완
편집주간 이은아 편집 김경란, 조정우 디자인 안상준 마케팅 이상현, 민지원, 염승연
출판등록 제6-800호(2006. 6. 13.)
주소 03990 서울시 마포구 월드컵북로6길 69(연남동 567-11) IK빌딩 3층
전화 02-332-4885 팩스 02-6021-4885
🏠 bookmentorbooks.co.kr ✉ bookmentorbooks@hanmail.net
📷 bookmentorbooks__ f bookmentorbooks

ⓒ 지수 2022

ISBN 978-89-6319-488-2 73710

※ 잘못된 책은 바꾸어 드립니다.
※ 이 책은 저작권법에 따라 보호를 받는 저작물이므로 무단 전재와 무단 복제를 금합니다.
※ 이 책의 전부 또는 일부를 쓰려면 반드시 저작권자와 출판사의 허락을 받아야 합니다.
※ 책값은 뒤표지에 있습니다.

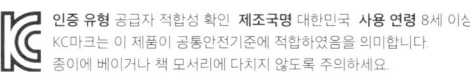

인증 유형 공급자 적합성 확인 **제조국명** 대한민국 **사용 연령** 8세 이상
KC마크는 이 제품이 공통안전기준에 적합하였음을 의미합니다.
종이에 베이거나 책 모서리에 다치지 않도록 주의하세요.